Sommaire

Mérimée, écrivain à l'occasion

Peu séduisant...

Lorsqu'ils rencontrent Mérimée pour la première fois, certains de ses contemporains sont d'abord frappés par son physique. L'écrivain Stendhal, de vingt ans son aîné, le dépeint ainsi : « ... Un pauvre jeune homme en redingote grise et si laid avec son nez retroussé. Ce jeune homme avait quelque chose d'effronté et d'extrêmement déplaisant. Ses yeux petits et sans expression avaient un air toujours le même et cet air était méchant. » Cela ne les empêchera pas de nouer des relations durables, ni de voyager ensemble jusqu'à la mort de Stendhal en 1842.

Un ami de Flaubert, le poète Maxime Du Camp (1822-1894), brosse cependant un portrait un peu plus flatteur de Mérimée : « Un front ample, des yeux magnifiques d'intelligence, d'inspiration, mais un nez en groin, une bouche sensuelle, un maxillaire épais. »

... mais si brillant !

Fils unique, il naît à Paris le 28 septembre 1803, sous le premier Empire, et vit une enfance heureuse dans un milieu d'artistes (son père est peintre, professeur de dessin à l'École polytechnique). Il se montre un élève brillant, passionné tout à la fois par la philosophie, le dessin, les langues anciennes et modernes : à quinze ans, il parle couramment l'anglais et l'espagnol (il apprendra plus tard le russe, à quarante-cinq ans). À vingt ans il est déjà licencié en droit.

Mérimée, cependant, ne cherche pas à tirer vanité de cette réussite. Même plus tard, quand il sera devenu célèbre, il ne se départira pas de sa réserve et restera fidèle à sa devise : « Souviens-toi de te méfier ». Une déclaration de son ami Tourgueniev (1818-1883), écrivain russe dont il traduira plusieurs œuvres, confirme cet aspect de son caractère : « Il vivait masqué et j'étais une des bien rares personnes devant qui il déposait son masque. »

Autoportrait de Mérimée en 1840.
« Si laid avec son nez retroussé » (Stendhal).
Bibliothèque nationale, Paris.

Passionné de romans d'aventures et d'histoires de corsaires, il lit énormément, s'intéresse à tout : les sciences, l'architecture, l'occultisme même. Ses premiers articles, consacrés au théâtre espagnol, paraissent en 1824 dans *le Globe,* journal qui vient tout juste d'être fondé. Mérimée a vingt et un ans.

Le touche-à-tout de la littérature

Mérimée se mêle alors à une vie parisienne animée en cette période de relatif calme politique, la Restauration, qui suit les guerres sanglantes de l'Empire et la chute de Napoléon Ier. Dandy, il fréquente les salons à la mode où se réunissent les célébrités du moment. On le voit ainsi chez Mme Récamier, amie de l'écrivain Chateaubriand, et chez Victor Hugo, où se rassemble un groupe de passionnés d'art, de littérature et d'idées nouvelles (le Cénacle) : ce sont par exemple les écrivains Vigny, Lamartine, Musset, Nerval, le critique Sainte-Beuve, le peintre Delacroix.

Cette effervescence intellectuelle est contagieuse, et Mérimée se met sérieusement à écrire. Il publie beaucoup : des pièces de théâtre, en 1825, sous le faux nom de Clara Gazul, un roman historique, *Chronique du règne de Charles IX* (1829), et quatorze nouvelles en deux ans (1829-1830), dont *Mateo Falcone,* qui se déroule en Corse (comme plus tard *Colomba*), et *Tamango,* qui traite du commerce (interdit) des esclaves. La diversité de son œuvre, pour laquelle il réunit une importante documentation, reflète la multiplicité de ses centres d'intérêt : rien ne le laisse indifférent et, selon les termes de Victor Cousin, philosophe et homme politique de

Dandys (*Des anglomanes,* lithographie de C. Motte, vers 1830).
Bibliothèque des Arts décoratifs, Paris.
Le dandysme apparaît en Angleterre vers 1815, avant de gagner
la France. Les dandys sont des modèles d'élégance vestimentaire,
qu'ils considèrent comme le symbole d'un esprit supérieur.

l'époque, « il ne sait rien imparfaitement ». Il devient très vite célèbre, et Victor Hugo l'appelle même : « Notre maître à tous ».

Pourtant, en 1830, Mérimée quitte Paris et son animation, et parcourt l'Espagne pendant près de six mois, pour s'éloigner, semble-t-il, d'une jeune fille. Au cours de ce voyage, il se lie d'amitié avec la famille du comte de Montijo ; la fille de celui-ci, Eugénie, qui a quatre ans à cette époque, deviendra plus tard impératrice des Français, en épousant Napoléon III. Elle restera une amie fidèle pour Mérimée. L'Espagne le séduit, et il en retrouve un peu l'atmosphère dans le midi de la France, alors qu'il s'apprête à regagner Paris. C'est d'ailleurs dans la province du Roussillon qu'il situera le décor de *la Vénus d'Ille*. Pendant son absence, une révolution a éclaté à Paris en juillet 1830 (les Trois Glorieuses). L'avènement de la monarchie plus libérale de Louis-Philippe (qui permet une plus grande initiative personnelle tant dans le domaine économique que politique) ouvre alors à Mérimée une nouvelle carrière.

Partagé entre son métier et la littérature

Mérimée accepte différentes responsabilités dans des ministères avant de devenir en 1834 (à trente et un ans) inspecteur général des Monuments historiques. Cette fonction satisfait son besoin d'indépendance mais aussi sa passion pour l'archéologie. Il sillonne à présent la France et rend compte au ministère de l'Intérieur de l'état des monuments. Mérimée prend son rôle très au sérieux, rédige de longs rapports, dessine de nombreux croquis, négocie avec le ministère pour obtenir des subventions, avec les responsables locaux pour les convaincre de prendre des mesures de sauvegarde. Les monuments visités sont en effet en si piteux état qu'il les surnomme ses « masures ».

Ces tournées d'inspection lui permettent de glaner des détails pittoresques dont il nourrira ses nouvelles. Il voyage aussi en Italie, en Grèce, en Asie Mineure et, très souvent, il se rend en Angleterre et en Espagne.

S'investissant de plus en plus dans son métier, Mérimée fait passer au second plan son activité littéraire. En dehors de ses *Notes de voyage,* réunies sous forme de recueil, d'études sur l'histoire romaine et espagnole, il ne publie pendant cette période que six nouvelles, dont *la Vénus d'Ille* en 1837, *Colomba* en 1840 et *Carmen* en 1845. En 1844 toutefois, il remporte un nouveau succès : il est élu à l'Académie française (certes, au septième tour et à une voix de majorité !). Lors de la révolution de 1848, il se rallie pour quelque temps aux idées républicaines. Mais, fatigué des conflits politiques, il s'enthousiasme alors pour l'étude du russe qu'une amie rencontrée en Grèce se propose de lui apprendre : il découvre l'œuvre de l'écrivain Pouchkine (1799-1837), dont il traduira une nouvelle, *la Dame de pique,* en 1849.

Les années amères

Déçu par la république, Mérimée voit avec satisfaction l'avènement de Napoléon III. Proche de l'impératrice Eugénie, il devient un familier de la cour, est nommé

Napoléon III et l'impératrice Eugénie aux Tuileries.
Gravure d'Henri Dochy (fin du XIXᵉ siècle).

officier de la Légion d'honneur (1852) puis sénateur
(1853). Mais cela lui vaut bien des critiques et des
inimitiés, en particulier de la part de Victor Hugo, exilé
et ennemi juré de Napoléon III, qu'il a d'ailleurs
surnommé « Napoléon le Petit ».

Et bientôt d'autres sujets de contrariété et de peine
surviennent. Sa mère, avec qui il vivait encore, tombe
malade et meurt en 1852. Puis Mme Delessert, qui
avait été pendant seize ans à la fois une confidente,
une lectrice avisée et sa maîtresse (à partir de 1836), le
délaisse peu à peu. Il n'en continue pas moins à espérer
jusqu'en 1854, date à laquelle la rupture est définitive,
Maxime Du Camp ayant cette fois pris sa place auprès

d'elle. Mérimée ne s'en remettra jamais tout à fait : pour qui écrire, à présent, lui qui disait ne pouvoir le faire que pour l'amour d'une femme ?

Cependant, en 1857, il rencontre Tourgueniev. Ils deviennent amis et Mérimée contribue à le faire connaître aux lecteurs français. Il traduit plusieurs œuvres de l'écrivain russe, avec succès. En effet, la signature de Mérimée est devenue un véritable gage de qualité.

À l'âge de cinquante-sept ans, enfin, Mérimée renonce à ses fonctions d'inspecteur général des Monuments historiques et refuse trois ans plus tard (1863) le poste de ministre de l'Instruction publique qui lui est alors proposé. Pour se distraire, et distraire ses amis, il écrit encore quatre nouvelles, dont une seule, *Lokis,* sera publiée avant sa mort.

Sa santé est très altérée : la maladie (asthme, toux, insomnie) le contraint désormais à quitter Paris chaque hiver pour le Midi. Il meurt à Cannes, le 23 septembre 1870. Au cours des émeutes de mai 1871, lors de la chute de la Commune, la maison de Mérimée brûle, avec ses livres et tous ses papiers. La tâche des biographes n'en a pas été simplifiée...

Mérimée

1803

inspecteur général
des Monuments historiques
1834

Gustave

Théophile Gautier (1811-

Edgar Allan Poe (1809-1849)
Histoires extraordinaires (1840)

George Sand (1804-1876)

Victor Hugo (1802-1885)

Stendhal (1783-1842)

Directoire (1795-1799) et Consulat (1799-1804)	Premier Empire Napoléon I er (1804-1814)	Restauration Louis XVIII et Charles X (1814-1830)	

1830
les Trois Glorieuses

la Vénus d'Ille
1837

Mérimée est nommé
sénateur par l'empereur
1853   1870

Flaubert (1821-1880)

1872)   *le Roman de la momie* (1857)

1840 : début des travaux de   travaux d'Haussmann
restauration de Viollet-le-Duc   à Paris

Monarchie
de Juillet
Louis-Philippe
(1830-1848)

IIᵉ République
(1848-1851)

Second Empire
Napoléon III
(1852-1870)

1848   1870
révolution   défaite de Sedan

13

Les principaux personnages et l'intrigue

Le porte-parole du récit : le narrateur

Le récit est fait à la première personne, par un narrateur, qui a bien des points communs avec Mérimée, l'auteur de la nouvelle : tous deux sont parisiens, célibataires, passionnés d'archéologie et grands voyageurs.

Pourtant, ce narrateur est une création de l'auteur, un personnage de fiction, au même titre que les autres personnages de la nouvelle, et, par conséquent, il se trouve mêlé à l'action et aux événements racontés par l'écrivain. Mais son rôle, dans la nouvelle, se borne à celui de témoin : il fait part au lecteur de ce qu'il voit et entend, et éventuellement de ses réflexions.

Les autres personnages : des marionnettes

Les quatre autres personnages (M. de Peyrehorade et sa femme, Alphonse, leur fils, et sa fiancée) sont les jouets du destin qu'ils mettent en marche sans le savoir. Aucun n'a de rôle déterminant sur l'action.

M. de Peyrehorade est un bourgeois provincial, vif et jovial, mais dont la passion pour l'archéologie tourne à la manie, ce qui le rend souvent ennuyeux. Cette passion est malgré lui à la source du drame. Sa femme, « uniquement occupée des soins de son ménage », désapprouve la passion de son mari, qui n'a que faire de ses remontrances.

Alphonse, leur fils, est un solide jeune homme de vingt-six ans, dont les seuls centres d'intérêt semblent être l'argent, le sport, les chevaux et la mode. C'est tout à fait inconsciemment qu'il commet le geste irréparable, précipitant l'action vers un dénouement dramatique. Mlle de Puygarrig, sa fiancée, est jolie, réservée, riche... : parfaite sous tous rapports. Elle aurait sans doute été une seconde Mme de Peyrehorade si le destin n'en avait décidé autrement pour elle.

Des bourgeois à la campagne : *les Plaisirs de la villégiature.*
Caricature de Daumier (1808-1879).
Bibliothèque des Arts décoratifs, Paris.

Tête d'Aphrodite, dite *la Vénus Capitoline*.
Art grec. Musée du Capitole, Rome.

16

L'art du suspense

Tous ces personnages sont présentés de manière quelque peu caricaturale (à l'exception du narrateur) : approfondir leur psychologie n'intéresse pas ici Mérimée. Il veut avant tout ménager le suspense dans le déroulement de l'intrigue. Celle-ci se situe entre 1830 et 1848, sous le règne de Louis-Philippe. Le narrateur se rend dans une région du midi de la France, le Roussillon, pour y visiter les monuments anciens. Il est hébergé par M. de Peyrehorade qu'il ne connaît pas mais à qui il a été recommandé par un ami. Alors qu'il s'apprêtait à marier son fils, M. de Peyrehorade a trouvé une antique statue de Vénus, d'une étrange beauté, enfouie dans son jardin.

Fort mystérieuse, celle-ci prend progressivement une place centrale dans le récit. Ne serait-elle pas un véritable personnage, voire le personnage principal ?

Le narrateur assiste alors à une série d'événements insolites qui tournent brutalement au drame. Que s'est-il passé ?

Photographie représentant Mérimée.
© Collection Sirot.

La Vénus d'Ille

Ἴλεως, ἦν δ' ἐγώ, ἔστω ὁ ἀνδριὰς
καὶ ἤπιος, οὕτως ἀνδρεῖος ὤν.

ΛΟΥΚΙΑΝΟΥ ΦΙΛΟΨΕΥΔΗΣ[1].

nouvelle
publiée pour la première fois
en 1837

Luz. Route de Barrèges (Hautes-Pyrénées) en 1835.
Gravure de J. Jacottet, d'après E. Paris.
Bibliothèque nationale, Paris.

Note de la page précédente.

1. « Que cette statue, disais-je, soit propice et bienveillante, puisqu'elle ressemble tant à un homme ! » Lucien, écrivain grec (IIe siècle apr. J.-C.), *Philopseudès* (« l'Homme qui aime les mensonges »), chap. XIX.

La Vénus d'Ille

Je descendais le dernier coteau du Canigou, et, bien que le soleil fût déjà couché, je distinguais dans la plaine les maisons de la petite ville d'Ille, vers laquelle je me dirigeais.

5 « Vous savez, dis-je au Catalan qui me servait de guide depuis la veille, vous savez sans doute où demeure M. de Peyrehorade ?

— Si je le sais ! s'écria-t-il, je connais sa maison comme la mienne, et s'il ne faisait pas si noir, je vous 10 la montrerais. C'est la plus belle d'Ille. Il a de l'argent, oui, M. de Peyrehorade ; et il marie son fils à plus riche que lui encore.

— Et ce mariage se fera-t-il bientôt ? lui demandai-je.

15 — Bientôt ! il se peut que déjà les violons soient commandés pour la noce. Ce soir, peut-être, demain, après-demain, que sais-je ! C'est à Puygarrig que ça se fera ; car c'est Mlle de Puygarrig que monsieur le fils épouse. Ce sera beau, oui ! »

20 J'étais recommandé à M. de Peyrehorade par mon ami M. de P. C'était, m'avait-il dit, un antiquaire[1] fort instruit et d'une complaisance à toute épreuve. Il se ferait un plaisir de me montrer toutes les ruines à dix lieues à la ronde. Or je comptais sur lui pour visiter

---

1. *Antiquaire* : qui a la passion de l'Antiquité et des objets anciens (sens vieilli).

25 les environs d'Ille, que je savais riches en monuments
antiques et du Moyen Âge. Ce mariage, dont on me
parlait alors pour la première fois, dérangeait tous mes
plans.

Je vais être un trouble-fête, me dis-je. Mais j'étais
30 attendu ; annoncé par M. de P., il fallait bien me
présenter.

« Gageons[1], monsieur, me dit mon guide, comme
nous étions déjà dans la plaine, gageons un cigare que
je devine ce que vous allez faire chez M. de Peyrehorade.

35 — Mais, répondis-je en lui tendant un cigare, cela
n'est pas bien difficile à deviner. À l'heure qu'il est,
quand on a fait six lieues dans le Canigou, la grande
affaire, c'est de souper.

— Oui, mais demain ?... Tenez, je parierais que vous
40 venez à Ille pour voir l'idole. J'ai deviné cela à vous
voir tirer en portrait[2] les saints de Serrabona.

— L'idole ! quelle idole ? » Ce mot avait excité ma
curiosité.

« Comment ! on ne vous a pas conté, à Perpignan,
45 comment M. de Peyrehorade avait trouvé une idole en
terre ?

— Vous voulez dire une statue en terre cuite, en
argile ?

— Non pas. Oui, bien en cuivre, et il y en a
50 de quoi faire des gros sous. Elle vous pèse autant
qu'une cloche d'église. C'est bien avant dans la terre[3],

---

1. *Gageons :* parions.
2. *Tirer en portrait :* dessiner.
3. *Bien avant dans la terre :* à une grande profondeur.

au pied d'un olivier, que nous l'avons eue.

— Vous étiez donc présent à la découverte ?

— Oui, monsieur. M. de Peyrehorade nous dit, il y
55 a quinze jours, à Jean Coll et à moi, de déraciner un
vieil olivier qui était gelé de l'année dernière, car elle a
été bien mauvaise, comme vous savez. Voilà donc qu'en
travaillant Jean Coll qui y allait de tout cœur, il donne
un coup de pioche, et j'entends bimm... comme s'il
60 avait tapé sur une cloche. Qu'est-ce que c'est ? que je
dis. Nous piochons toujours, nous piochons, et voilà
qu'il paraît une main noire, qui semblait la main d'un
mort qui sortait de terre. Moi, la peur me prend. Je
m'en vais à Monsieur, et je lui dis : — Des morts,
65 notre maître, qui sont sous l'olivier ! Faut appeler le
curé. — Quels morts ? qu'il me dit. Il vient, et il n'a
pas plus tôt vu la main qu'il s'écrie : — Un antique !
un antique[1] ! Vous auriez cru qu'il avait trouvé un trésor.
Et le voilà, avec la pioche, avec les mains, qui se
70 démène et qui faisait quasiment[2] autant d'ouvrage que
nous deux.

— Et enfin que trouvâtes-vous ?

— Une grande femme noire plus qu'à moitié nue,
révérence parler[3], monsieur, toute en cuivre, et
75 M. de Peyrehorade nous a dit que c'était une idole du

---

1. *Antique* : objet, œuvre d'art datant de l'Antiquité (en particulier
orientale et gréco-romaine). Mérimée emploie ce mot au masculin,
contrairement à l'usage du XIXe siècle.
2. *Quasiment* : presque.
3. *Révérence parler* : sauf votre respect. Se dit pour s'excuser d'une
parole un peu choquante.

23

temps des païens[1]... du temps de Charlemagne, quoi !

— Je vois ce que c'est... Quelque bonne Vierge en bronze d'un couvent détruit.

— Une bonne Vierge ! ah bien oui !... Je l'aurais
80 bien reconnue, si ç'avait été une bonne Vierge. C'est une idole, vous dis-je ; on le voit bien à son air. Elle vous fixe avec ses grands yeux blancs[2]... On dirait qu'elle vous dévisage. On baisse les yeux, oui, en la regardant.

85 — Des yeux blancs ? Sans doute ils sont incrustés dans le bronze. Ce sera peut-être quelque statue romaine.

— Romaine ! c'est cela. M. de Peyrehorade dit que c'est une Romaine. Ah ! je vois bien que vous êtes un savant comme lui.

90 — Est-elle entière, bien conservée ?

— Oh ! monsieur, il ne lui manque rien. C'est encore plus beau et mieux fini que le buste de Louis-Philippe[3] qui est à la mairie, en plâtre peint. Mais avec tout cela, la figure de cette idole ne me revient pas. Elle a l'air
95 méchante... et elle l'est aussi.

— Méchante ! Quelle méchanceté vous a-t-elle faite ?

— Pas à moi précisément ; mais vous allez voir. Nous nous étions mis à quatre pour la dresser debout, et M. de Peyrehorade, qui lui aussi tirait à la corde[4],

---

1. *Païens* : les chrétiens nomment ainsi ceux qui rendent un culte à plusieurs dieux, ou ceux qui ne croient pas en Dieu (les athées).
2. Dans l'Antiquité, les yeux des statues de bronze étaient souvent incrustés d'argent, de marbre ou d'ivoire.
3. *Louis-Philippe* : roi des Français de 1830 à 1848 (monarchie de Juillet), au pouvoir au moment où Mérimée écrit la nouvelle.
4. *À la corde* : sur la corde. Les hommes s'aident d'une corde pour redresser la statue.

100 bien qu'il n'ait guère plus de force qu'un poulet, le
digne homme ! Avec bien de la peine nous la mettons
droite. J'amassais un tuileau[1] pour la caler, quand,
patatras ! la voilà qui tombe à la renverse tout d'une
masse. Je dis : Gare dessous ! Pas assez vite pourtant,
105 car Jean Coll n'a pas eu le temps de tirer sa jambe...

— Et il a été blessé ?

— Cassée net comme un échalas[2], sa pauvre jambe !
Pécaïre[3] ! quand j'ai vu cela, moi, j'étais furieux. Je
voulais défoncer l'idole à coups de pioche, mais M. de
110 Peyrehorade m'a retenu. Il a donné de l'argent à Jean
Coll, qui tout de même est encore au lit depuis quinze
jours que cela lui est arrivé, et le médecin dit qu'il ne
marchera jamais de cette jambe-là comme de l'autre.
C'est dommage, lui qui était notre meilleur coureur et,
115 après monsieur le fils, le plus malin joueur de paume[4].
C'est que M. Alphonse de Peyrehorade en a été triste,
car c'est Coll qui faisait sa partie[5]. Voilà qui était beau
à voir comme ils se renvoyaient les balles. Paf ! paf !
Jamais elles ne touchaient terre. »

120 Devisant[6] de la sorte, nous entrâmes à Ille, et je me
trouvai bientôt en présence de M. de Peyrehorade.

---

1. *J'amassais un tuileau* : je ramassais un morceau de tuile.
2. *Échalas* : pieu en bois (servant à soutenir un arbuste, un cep de vigne, etc.).
3. *Pécaïre* : exclamation méridionale (autre forme : « Pechère ! »).
4. Le jeu de paume, très pratiqué en Catalogne (région des Pyrénées orientales et d'Espagne), était ainsi appelé parce qu'on se renvoyait la balle de part et d'autre d'un filet, avec la paume de la main (ce jeu est l'ancêtre du tennis).
5. *Qui faisait sa partie* : qui était son partenaire habituel.
6. *Devisant* : bavardant.

C'était un petit vieillard vert[1] encore et dispos, poudré, le nez rouge, l'air jovial[2] et goguenard[3]. Avant d'avoir ouvert la lettre de M. de P., il m'avait installé devant
125 une table bien servie, et m'avait présenté à sa femme et à son fils comme un archéologue illustre, qui devait tirer le Roussillon de l'oubli où le laissait l'indifférence des savants.

Tout en mangeant de bon appétit, car rien ne dispose
130 mieux que l'air vif des montagnes, j'examinais mes hôtes. J'ai dit un mot de M. de Peyrehorade ; je dois ajouter que c'était la vivacité même. Il parlait, mangeait, se levait, courait à sa bibliothèque, m'apportait des livres, me montrait des estampes[4], me versait à boire ;
135 il n'était jamais deux minutes en repos. Sa femme, un peu trop grasse, comme la plupart des Catalanes lorsqu'elles ont passé quarante ans, me parut une provinciale renforcée[5], uniquement occupée des soins de son ménage. Bien que le souper fût suffisant pour
140 six personnes au moins, elle courut à la cuisine, fit tuer des pigeons, frire des miliasses[6], ouvrit je ne sais combien de pots de confitures. En un instant la table fut encombrée de plats et de bouteilles, et je serais certainement mort d'indigestion si j'avais goûté seulement
145 à tout ce qu'on m'offrait. Cependant, à chaque plat que je refusais, c'étaient de nouvelles excuses. On

---

1. *Vert :* vif, alerte pour son âge.
2. *Jovial :* gai, de bonne humeur.
3. *Goguenard :* moqueur.
4. *Estampes :* gravures.
5. *Une provinciale renforcée :* le type même de la provinciale.
6. *Miliasses :* gâteaux de farine de maïs.

craignait que je ne me trouvasse bien mal à Ille. Dans
la province on a si peu de ressources, et les Parisiens
sont si difficiles !

150   Au milieu des allées et venues de ses parents,
M. Alphonse de Peyrehorade ne bougeait pas plus qu'un
Terme[1]. C'était un grand jeune homme de vingt-six ans,
d'une physionomie belle et régulière, mais manquant
d'expression. Sa taille et ses formes athlétiques justifiaient

155   bien la réputation d'infatigable joueur de paume qu'on
lui faisait dans le pays. Il était ce soir-là habillé avec
élégance, exactement d'après la gravure du dernier
numéro du *Journal des modes*. Mais il me semblait
gêné dans ses vêtements ; il était roide comme un

160   piquet dans son col de velours, et ne se tournait que
tout d'une pièce. Ses mains grosses et hâlées, ses ongles
courts, contrastaient singulièrement avec son costume.
C'étaient des mains de laboureur sortant des manches
d'un dandy[2]. D'ailleurs, bien qu'il me considérât de la

165   tête aux pieds fort curieusement, en ma qualité de
Parisien, il ne m'adressa qu'une seule fois la parole
dans toute la soirée, ce fut pour me demander où
j'avais acheté la chaîne de ma montre.

« Ah çà ! mon cher hôte, me dit M. de Peyrehorade,

170   le souper tirant à sa fin, vous m'appartenez, vous êtes
chez moi. Je ne vous lâche plus, sinon quand vous
aurez vu tout ce que nous avons de curieux dans nos

---

1. *Un Terme :* borne représentant le dieu Terme (mythologie romaine).
Ces bornes servaient de limites aux propriétés et il était sacrilège de
les déplacer.
2. *Un dandy :* un homme élégant, au XIXe siècle (voir p. 7).

Situation du Roussillon

Paris

Béziers

Narbonne

Mer Méditerranée

Perpignan

Millas

Ille-sur-Têt

Bouleternère

Prades

Têt

Prieuré de Serrabone

MONT CANIGOU

Collioure

ESPAGNE

0   30 km

montagnes. Il faut que vous appreniez à connaître notre
Roussillon, et que vous lui rendiez justice. Vous ne
175 vous doutez pas de tout ce que nous allons vous
montrer. Monuments phéniciens, celtiques, romains,
arabes, byzantins, vous verrez tout, depuis le cèdre
jusqu'à l'hysope[1]. Je vous mènerai partout et ne vous
ferai pas grâce d'une brique. »
180   Un accès de toux l'obligea de s'arrêter. J'en profitai
pour lui dire que je serais désolé de le déranger dans
une circonstance aussi intéressante pour sa famille[2]. S'il
voulait bien me donner ses excellents conseils sur les
excursions que j'aurais à faire, je pourrais, sans qu'il
185 prît la peine de m'accompagner...
   « Ah ! vous voulez parler du mariage de ce garçon-
là, s'écria-t-il en m'interrompant. Bagatelle[3] ! ce sera fait
après-demain. Vous ferez la noce avec nous, en famille,
car la future est en deuil d'une tante dont elle hérite.
190 Ainsi point de fête, point de bal... C'est dommage...
vous auriez vu danser nos Catalanes... Elles sont jolies,
et peut-être l'envie vous aurait-elle pris d'imiter mon
Alphonse. Un mariage, dit-on, en amène d'autres...
Samedi, les jeunes gens mariés, je suis libre, et nous
195 nous mettons en course. Je vous demande pardon de
vous donner l'ennui d'une noce de province. Pour un
Parisien blasé sur les fêtes... et une noce sans bal
encore ! Pourtant, vous verrez une mariée... une mariée...

---

1. *Depuis le cèdre jusqu'à l'hysope* : du plus grand au plus petit, en
détail (le cèdre est un très grand arbre et l'hysope un tout petit
arbrisseau poussant dans les endroits arides). Expression biblique.
2. Il s'agit du mariage d'Alphonse de Peyrehorade.
3. *Bagatelle* : c'est sans importance.

vous m'en direz des nouvelles... Mais vous êtes un
200 homme grave et vous ne regardez plus les femmes. J'ai
mieux que cela à vous montrer. Je vous ferai voir
quelque chose !... Je vous réserve une fière surprise pour
demain.

— Mon Dieu ! lui dis-je, il est difficile d'avoir un
205 trésor dans sa maison sans que le public en soit instruit.
Je crois deviner la surprise que vous me préparez. Mais
si c'est de votre statue qu'il s'agit, la description que
mon guide m'en a faite n'a servi qu'à exciter ma
curiosité et à me disposer à l'admiration.

210 — Ah ! il vous a parlé de l'idole, car c'est ainsi
qu'ils appellent ma belle Vénus Tur... mais je ne veux
rien vous dire. Demain, au grand jour, vous la verrez,
et vous me direz si j'ai raison de la croire un chef-
d'œuvre. Parbleu ! vous ne pouviez arriver plus à
215 propos ! Il y a des inscriptions que moi, pauvre ignorant,
j'explique à ma manière... mais un savant de Paris !...
Vous vous moquerez peut-être de mon interprétation...
car j'ai fait un mémoire[1]... moi qui vous parle... vieil
antiquaire de province, je me suis lancé... Je veux faire
220 gémir la presse[2]... Si vous vouliez bien me lire et me
corriger, je pourrais espérer... Par exemple, je suis bien
curieux de savoir comment vous traduirez cette
inscription sur le socle : CAVE[3]... Mais je ne veux rien

---

1. *Mémoire* : écrit traitant un sujet précis de manière approfondie et destiné à être lu par un public de spécialistes.
2. *Faire gémir la presse* : donner beaucoup à imprimer. Les anciennes machines à imprimer (les presses à bras) grinçaient quand on les utilisait.
3. *Cave* : prends garde (en latin).

vous demander encore ! À demain, à demain ! Pas un
225 mot sur la Vénus aujourd'hui !

— Tu as raison, Peyrehorade, dit sa femme, de
laisser là ton idole. Tu devrais voir que tu empêches
monsieur de manger. Va, monsieur a vu à Paris de bien
plus belles statues que la tienne. Aux Tuileries[1], il y en
230 a des douzaines, et en bronze aussi.

— Voilà bien l'ignorance, la sainte ignorance de la
province ! interrompit M. de Peyrehorade. Comparer
un antique admirable aux plates figures de Coustou[2] !

> Comme avec irrévérence
235 > Parle des dieux ma ménagère[3] !

Savez-vous que ma femme voulait que je fondisse ma
statue pour en faire une cloche à notre église ? C'est
qu'elle en eût été la marraine. Un chef-d'œuvre de
Myron[4], monsieur !

240 — Chef-d'œuvre ! chef-d'œuvre ! un beau chef-
d'œuvre qu'elle a fait ! casser la jambe d'un homme !

— Ma femme, vois-tu ? dit M. de Peyrehorade d'un
ton résolu, et tendant vers elle sa jambe droite dans
un bas de soie chinée, si ma Vénus m'avait cassé cette
245 jambe-là, je ne la regretterais pas.

— Bon Dieu ! Peyrehorade, comment peux-tu dire

---

1. *Les Tuileries :* jardin parisien qui s'étend entre la place de la Concorde
et le palais du Louvre.
2. *Coustou (Nicolas) :* sculpteur (1658-1733).
3. Parodie de Molière (1622-1673), *Amphitryon,* acte I, sc. 2 :
« Comme avec irrévérence / Parle des dieux ce maraud ! »
4. *Myron :* sculpteur grec du Ve siècle av. J.-C. Son œuvre la plus
célèbre, *le Discobole* (athlète lançant un disque), se trouve de nos
jours au musée des Thermes, à Rome.

31

cela ! Heureusement que l'homme va mieux... Et encore
je ne peux pas prendre sur moi de regarder la statue
qui fait des malheurs comme celui-là. Pauvre Jean Coll !

250   — Blessé par Vénus, monsieur, dit M. de Peyrehorade
riant d'un gros rire, blessé par Vénus, le maraud[1] se
plaint :

Veneris nec præmia noris[2].

Qui n'a été blessé par Vénus[3] ? »

255   M. Alphonse, qui comprenait le français mieux que
le latin, cligna de l'œil d'un air d'intelligence, et me
regarda comme pour me demander : Et vous, Parisien,
comprenez-vous ?

Le souper finit. Il y avait une heure que je ne
260 mangeais plus. J'étais fatigué, et je ne pouvais parvenir
à cacher les fréquents bâillements qui m'échappaient.
Mme de Peyrehorade s'en aperçut la première, et
remarqua qu'il était temps d'aller dormir. Alors
commencèrent de nouvelles excuses sur le mauvais gîte[4]
265 que j'allais avoir. Je ne serais pas comme à Paris. En
province on est si mal ! Il fallait de l'indulgence pour
les Roussillonnais. J'avais beau protester qu'après une
course dans les montagnes une botte de paille me serait
un coucher délicieux, on me priait toujours de pardonner
270 à de pauvres campagnards s'ils ne me traitaient pas
aussi bien qu'ils l'eussent désiré. Je montai enfin à la

---

1. *Maraud* : terme d'injure et de mépris signifiant vaurien, fripon.
2. « Et les présents de Vénus, tu ne les connaîtras pas », Virgile, poète
latin (70-19 av. J.-C.), *l'Énéide*, IV, 33.
3. *Qui ... Vénus ?* : qui n'a pas connu l'amour ?
4. *Gîte* : tout endroit où l'on peut dormir en voyage.

chambre qui m'était destinée, accompagné de M. de
Peyrehorade. L'escalier, dont les marches supérieures
étaient en bois, aboutissait au milieu d'un corridor[1], sur
275 lequel donnaient plusieurs chambres.

   « À droite, me dit mon hôte, c'est l'appartement que
je destine à la future Mme Alphonse. Votre chambre
est au bout du corridor opposé. Vous sentez bien,
ajouta-t-il d'un air qu'il voulait rendre fin, vous sentez
280 bien qu'il faut isoler de nouveaux mariés. Vous êtes à
un bout de la maison, eux à l'autre. »

   Nous entrâmes dans une chambre bien meublée, où
le premier objet sur lequel je portai la vue fut un lit
long de sept pieds, large de six[2], et si haut qu'il fallait
285 un escabeau pour s'y guinder[3]. Mon hôte m'ayant
indiqué la position de la sonnette, et s'étant assuré par
lui-même que le sucrier était plein, les flacons d'eau de
Cologne dûment[4] placés sur la toilette[5], après m'avoir
demandé plusieurs fois si rien ne me manquait, me
290 souhaita une bonne nuit et me laissa seul.

   Les fenêtres étaient fermées. Avant de me déshabiller,
j'en ouvris une pour respirer l'air frais de la nuit,
délicieux après un long souper. En face était le Canigou,
d'un aspect admirable en tout temps, mais qui me parut
295 ce soir-là la plus belle montagne du monde, éclairé qu'il

---

1. *Corridor :* couloir.
2. Soit environ 2,25 m de long sur 1,95 m de large.
3. *Guinder :* (à l'origine, terme de marine) hisser au moyen d'une
machine.
4. *Dûment :* comme il se doit.
5. *La toilette :* le petit meuble où l'on plaçait, avant que ne soient
inventés les lavabos, les objets nécessaires à la toilette et au maquillage.

était par une lune resplendissante. Je demeurai quelques
minutes à contempler sa silhouette merveilleuse, et
j'allais fermer ma fenêtre, lorsque, baissant les yeux,
j'aperçus la statue sur un piédestal[1] à une vingtaine de
300 toises de la maison. Elle était placée à l'angle d'une haie
vive qui séparait un petit jardin d'un vaste carré
parfaitement uni, qui, je l'appris plus tard, était le jeu
de paume de la ville. Ce terrain, propriété de M. de
Peyrehorade, avait été cédé par lui à la commune, sur
305 les pressantes sollicitations de son fils.

À la distance où j'étais, il m'était difficile de distinguer
l'attitude de la statue ; je ne pouvais juger que de sa
hauteur, qui me parut de six pieds environ. En ce
moment, deux polissons de la ville passaient sur le jeu
310 de paume, assez près de la haie, sifflant le joli air du
Roussillon : *Montagnes régalades*. Ils s'arrêtèrent pour
regarder la statue ; un d'eux l'apostropha[2] même à
haute voix. Il parlait catalan ; mais j'étais dans le
Roussillon depuis assez longtemps pour pouvoir
315 comprendre à peu près ce qu'il disait.

« Te voilà donc, coquine ! (Le terme catalan était
plus énergique.) Te voilà ! disait-il. C'est donc toi qui
as cassé la jambe à Jean Coll ! Si tu étais à moi, je te
casserais le cou.

320 — Bah ! avec quoi ? dit l'autre. Elle est de cuivre,
et si dure qu'Étienne a cassé sa lime dessus, essayant
de l'entamer. C'est du cuivre du temps des païens ;
c'est plus dur que je ne sais quoi.

---

1. *Piédestal* : support où l'on place une statue, un vase, etc.
2. *Apostropha* : interpella d'une manière impolie.

— Si j'avais mon ciseau à froid (il paraît que c'était
325 un apprenti serrurier), je lui ferais bientôt sauter ses
grands yeux blancs, comme je tirerais une amande de
sa coquille. Il y a pour plus de cent sous d'argent. »

Ils firent quelques pas en s'éloignant.

« Il faut que je souhaite le bonsoir à l'idole », dit le
330 plus grand des apprentis, s'arrêtant tout à coup.

Il se baissa, et probablement ramassa une pierre. Je
le vis déployer le bras, lancer quelque chose, et aussitôt
un coup sonore retentit sur le bronze. Au même instant
l'apprenti porta la main à sa tête en poussant un cri
335 de douleur.

« Elle me l'a rejetée ! » s'écria-t-il.

Et mes deux polissons prirent la fuite à toutes jambes.
Il était évident que la pierre avait rebondi sur le métal,
et avait puni ce drôle[1] de l'outrage qu'il faisait à la
340 déesse.

Je fermai la fenêtre en riant de bon cœur.

« Encore un Vandale[2] puni par Vénus ! Puissent tous
les destructeurs de nos vieux monuments avoir ainsi la
tête cassée ! » Sur ce souhait charitable, je m'endormis.

345 Il était grand jour quand je me réveillai. Auprès de
mon lit étaient, d'un côté, M. de Peyrehorade, en robe
de chambre ; de l'autre, un domestique envoyé par sa
femme, une tasse de chocolat à la main.

---

1. *Ce drôle* : expression familière qui désigne le jeune homme ou,
dans le langage soutenu, un voyou.
2. *Vandale* : personne qui se plaît, par stupidité ou ignorance, à
détruire des œuvres d'art. Les Vandales étaient, au début de l'ère
chrétienne, un peuple d'envahisseurs. Les actes de vandalisme étaient
très courants au XIXe siècle (voir p. 84).

« Allons, debout, Parisien ! Voilà bien mes paresseux
350 de la capitale ! disait mon hôte pendant que je m'habillais
à la hâte. Il est huit heures, et encore au lit ! Je suis
levé, moi, depuis six heures. Voilà trois fois que je
monte ; je me suis approché de votre porte sur la
pointe du pied : personne, nul signe de vie. Cela vous
355 fera mal de trop dormir à votre âge. Et ma Vénus que
vous n'avez pas encore vue ! Allons, prenez-moi vite
cette tasse de chocolat de Barcelone... Vraie contrebande...
Du chocolat comme on n'en a pas à Paris. Prenez des
forces, car lorsque vous serez devant ma Vénus, on ne
360 pourra plus vous en arracher. »

En cinq minutes je fus prêt, c'est-à-dire à moitié rasé,
mal boutonné, et brûlé par le chocolat que j'avalai
bouillant. Je descendis dans le jardin, et me trouvai
devant une admirable statue.

365 C'était bien une Vénus, et d'une merveilleuse beauté.
Elle avait le haut du corps nu, comme les Anciens[1]
représentaient d'ordinaire les grandes divinités ; la main
droite, levée à la hauteur du sein, était tournée, la
paume en dedans, le pouce et les deux premiers doigts
370 étendus, les deux autres légèrement ployés[2]. L'autre
main, rapprochée de la hanche, soutenait la draperie
qui couvrait la partie inférieure du corps. L'attitude
de cette statue rappelait celle du Joueur de mourre[3]
qu'on désigne, je ne sais trop pourquoi, sous

---

1. *Anciens* : personnages ou artistes de l'Antiquité gréco-latine.
2. *Ployés* : recourbés.
3. Le jeu de mourre était un jeu italien où l'un des partenaires montre très rapidement sa main, tandis que l'autre doit dire combien il y avait de doigts levés.

375 le nom de Germanicus [1]. Peut-être avait-on voulu
représenter la déesse jouant au jeu de mourre.

Quoi qu'il en soit, il est impossible de voir quelque
chose de plus parfait que le corps de cette Vénus, rien
de plus suave[2], de plus voluptueux que ses contours,
380 rien de plus élégant et de plus noble que sa draperie.
Je m'attendais à quelque ouvrage du Bas-Empire ; je
voyais un chef-d'œuvre du meilleur temps de la statuaire.
Ce qui me frappait surtout, c'était l'exquise vérité des
formes, en sorte qu'on aurait pu les croire moulées sur
385 nature, si la nature produisait d'aussi parfaits modèles.

La chevelure, relevée sur le front, paraissait avoir été
dorée autrefois. La tête, petite comme celle de presque
toutes les statues grecques, était légèrement inclinée en
avant. Quant à la figure, jamais je ne parviendrai à
390 exprimer son caractère étrange, et dont le type ne se
rapprochait de celui d'aucune statue antique dont il me
souvienne. Ce n'était point cette beauté calme et sévère
des sculpteurs grecs, qui, par système[3], donnaient à tous
les traits une majestueuse immobilité. Ici, au contraire,
395 j'observais avec surprise l'intention marquée de l'artiste
de rendre la malice arrivant jusqu'à la méchanceté. Tous
les traits étaient contractés légèrement : les yeux un
peu obliques, la bouche relevée des coins, les narines
quelque peu gonflées. Dédain, ironie, cruauté, se lisaient
400 sur ce visage d'une incroyable beauté cependant. En

---

1. *Germanicus* : général romain (15 av. J.-C. - 19 apr. J.-C.), grand-
père de l'empereur Néron. On peut voir une statue représentant
Germanicus au musée du Louvre.
2. *Suave* : exquis.
3. *Par système* : par principe.

Statue d'Aphrodite, dite *la Vénus d'Arles*.
Art grec. Musée du Louvre, Paris.

vérité, plus on regardait cette admirable statue, et plus on éprouvait le sentiment pénible qu'une si merveilleuse beauté pût s'allier à l'absence de toute sensibilité.

405 « Si le modèle a jamais existé, dis-je à M. de Peyrehorade, et je doute que le ciel ait jamais produit une telle femme, que je plains ses amants ! Elle a dû se complaire à les faire mourir de désespoir. Il y a dans son expression quelque chose de féroce, et pourtant je n'ai jamais vu rien de si beau.

410 — C'est Vénus tout entière à sa proie attachée[1] ! » s'écria M. de Peyrehorade, satisfait de mon enthousiasme.

Cette expression d'ironie infernale[2] était augmentée peut-être par le contraste de ses yeux incrustés d'argent et très brillants avec la patine[3] d'un vert noirâtre que 415 le temps avait donnée à toute la statue. Ces yeux brillants produisaient une certaine illusion qui rappelait la réalité, la vie. Je me souvins de ce que m'avait dit mon guide, qu'elle faisait baisser les yeux à ceux qui la regardaient. Cela était presque vrai, et je ne pus me 420 défendre d'un mouvement de colère contre moi-même en me sentant un peu mal à mon aise devant cette figure de bronze.

« Maintenant que vous avez tout admiré en détail, mon cher collègue en antiquaillerie[4], dit mon hôte,

---

1. Racine (1639-1699). *Phèdre* (vers 306).
2. *Infernale* : digne de l'enfer par les sentiments qu'elle inspire.
3. *Patine* : dépôt qui se forme avec le temps (oxydation) sur les objets en cuivre ou en bronze. Aspect, couleur que prennent les vieux objets (des meubles par exemple) à la suite de frottements répétés.
4. *Antiquaillerie* : terme amusant créé par Mérimée pour désigner des antiquités sans valeur.

425 ouvrons, s'il vous plaît, une conférence scientifique. Que
dites-vous de cette inscription, à laquelle vous n'avez
point pris garde encore ? »

Il me montrait le socle de la statue, et j'y lus ces
mots : *CAVE AMANTEM.*

430 « *Quid dicis, doctissime ?*[1] me demanda-t-il en se frottant
les mains. Voyons si nous nous rencontrerons sur le
sens de ce *cave amantem !*

— Mais, répondis-je, il y a deux sens. On peut
traduire : "Prends garde à celui qui t'aime, défie-toi des
435 amants." Mais, dans ce sens, je ne sais si *cave amantem*
serait d'une bonne latinité[2]. En voyant l'expression
diabolique de la dame, je croirais plutôt que l'artiste a
voulu mettre en garde le spectateur contre cette terrible
beauté. Je traduirais donc : "Prends garde à toi si elle
440 t'aime[3]."

— Humph ! dit M. de Peyrehorade, oui, c'est un
sens admirable ; mais, ne vous en déplaise, je préfère
la première traduction, que je développerai pourtant.
Vous connaissez l'amant de Vénus ?

445 — Il y en a plusieurs.

— Oui ; mais le premier, c'est Vulcain. N'a-t-on pas
voulu dire : "Malgré toute ta beauté, ton air dédaigneux,
tu auras un forgeron, un vilain boiteux pour amant[4]" ?
Leçon profonde, monsieur, pour les coquettes ! »

---

1. « Qu'en dis-tu, très savant collègue ? »
2. *D'une bonne latinité :* une tournure correcte en latin classique.
3. Voir *Carmen,* opéra de Bizet tiré d'une nouvelle de Mérimée et
représenté pour la première fois en 1875.
4. Vulcain était le dieu romain du Feu et du Travail des métaux. Il
était forgeron, laid et boiteux, époux (et non amant) de Vénus.

450 Je ne pus m'empêcher de sourire, tant l'explication me parut tirée par les cheveux.

« C'est une terrible langue que le latin avec sa concision [1], observai-je pour éviter de contredire formellement mon antiquaire, et je reculai de quelques
455 pas afin de mieux contempler la statue.

— Un instant, collègue ! dit M. de Peyrehorade en m'arrêtant par le bras, vous n'avez pas tout vu. Il y a encore une autre inscription. Montez sur le socle et regardez au bras droit. » En parlant ainsi il m'aidait à
460 monter.

Je m'accrochai sans trop de façons au cou de la Vénus, avec laquelle je commençais à me familiariser. Je la regardai même un instant sous le nez, et la trouvai de près encore plus méchante et encore plus belle. Puis
465 je reconnus qu'il y avait, gravés sur le bras, quelques caractères d'écriture cursive [2] antique, à ce qu'il me sembla. À grand renfort de besicles [3] j'épelai ce qui suit, et cependant [4] M. de Peyrehorade répétait chaque mot à mesure que je le prononçais, approuvant du geste et
470 de la voix. Je lus donc :

VENERI TVRBVL...

EVTYCHES MYRO

IMPERIO FECIT

Après ce mot TVRBVL de la première ligne, il me

---

1. *Concision* : fait d'exprimer sa pensée avec le moins de mots possible.
2. *Écriture cursive* : écriture rapide, à main courante.
3. *Besicles* : anciennes lunettes rondes.
4. *Cependant* : pendant ce temps (sens vieilli).

41

475 sembla qu'il y avait quelques lettres effacées ; mais
TVRBVL était parfaitement lisible.

« Ce qui veut dire ?... » me demanda mon hôte
radieux et souriant avec malice, car il pensait bien que
je ne me tirerais pas facilement de ce *TVRBVL*.

480 « Il y a un mot que je ne m'explique pas encore, lui
dis-je ; tout le reste est facile. Eutychès Myron a fait
cette offrande à Vénus par son ordre.

— À merveille. Mais *TVRBVL,* qu'en faites-vous ?
Qu'est-ce que *TVRBVL ?*

485 — *TVRBVL* m'embarrasse fort. Je cherche en vain
quelque épithète connue de Vénus qui puisse m'aider.
Voyons, que diriez-vous de *TVRBVLENTA ?* Vénus qui
trouble, qui agite... Vous vous apercevez que je suis
toujours préoccupé de son expression méchante.

490 *TVRBVLENTA,* ce n'est point une trop mauvaise épithète
pour Vénus », ajoutai-je d'un ton modeste, car je n'étais
pas moi-même fort satisfait de mon explication.

« Vénus turbulente ! Vénus la tapageuse ! Ah ! vous
croyez donc que ma Vénus est une Vénus de cabaret ?

495 Point du tout, monsieur ; c'est une Vénus de bonne
compagnie. Mais je vais vous expliquer ce *TVRBVL...* Au
moins vous me promettez de ne point divulguer ma
découverte avant l'impression de mon mémoire. C'est
que, voyez-vous, je m'en fais gloire, de cette trouvaille-

500 là... Il faut bien que vous nous laissiez quelques épis à
glaner, à nous autres pauvres diables de provinciaux.
Vous êtes si riches, messieurs les savants de Paris ! »

Du haut du piédestal, où j'étais toujours perché, je
lui promis solennellement que je n'aurais jamais

505 l'indignité de lui voler sa découverte.

42

« *TVRBVL...,* monsieur, dit-il en se rapprochant et baissant la voix de peur qu'un autre que moi ne pût l'entendre, lisez *TVRBVLNERÆ.*

— Je ne comprends pas davantage.

510 — Écoutez bien. À une lieue d'ici, au pied de la montagne, il y a un village qui s'appelle Boulternère. C'est une corruption du mot latin *TVRBVLNERA.* Rien de plus commun que ces inversions. Boulternère, monsieur, a été une ville romaine. Je m'en étais toujours 515 douté, mais jamais je n'en avais eu la preuve. La preuve, la voilà. Cette Vénus était la divinité topique[1] de la cité de Boulternère ; et ce mot de Boulternère, que je viens de démontrer d'origine antique, prouve une chose bien plus curieuse, c'est que Boulternère, avant d'être une 520 ville romaine, a été une ville phénicienne ! »

Il s'arrêta un moment pour respirer et jouir de ma surprise. Je parvins à réprimer une forte envie de rire.

« En effet, poursuivit-il, *TVRBVLNERA* est pur phénicien, *TVR,* prononcez *TOUR... TOUR* et *SOUR,* même mot, n'est-525 ce pas ? *SOUR* est le nom phénicien de Tyr[2], je n'ai pas besoin de vous en rappeler le sens. *BVL,* c'est Baal[3], Bâl, Bel, Bul, légères différences de prononciation. Quant à *NERA,* cela me donne un peu de peine. Je suis tenté de croire, faute de trouver un mot phénicien, que cela 530 vient du grec $\nu\eta\rho o\varsigma$[4], humide, marécageux. Ce serait

---

1. *Divinité topique :* divinité qui règne sur un lieu et le protège (*topos* signifie « lieu » en grec).
2. *Tyr :* port de la Phénicie antique, région du littoral syro-palestinien.
3. *Baal :* divinité adorée par les Phéniciens.
4. Se prononce « néros ».

donc un mot hybride[1]. Pour justifier νηρός, je vous
montrerai à Boulternère comment les ruisseaux de la
montagne y forment des mares infectes. D'autre part,
la terminaison NERA aurait pu être ajoutée beaucoup plus
535 tard en l'honneur de Nera Pivesuvia, femme de Tétricus,
laquelle aurait fait quelque bien à la cité de Turbul.
Mais, à cause des mares, je préfère l'étymologie de
νηρός. »

Il prit une prise de tabac d'un air satisfait.

540 « Mais laissons les Phéniciens, et revenons à
l'inscription. Je traduis donc : "À Vénus de Boulternère
Myron dédie par son ordre cette statue, son ouvrage." »

Je me gardai bien de critiquer son étymologie, mais
je voulus à mon tour faire preuve de pénétration, et je
545 lui dis : « Halte-là, monsieur. Myron a consacré quelque
chose, mais je ne vois nullement que ce soit cette
statue.

— Comment ! s'écria-t-il, Myron n'était-il pas un
fameux sculpteur grec ? Le talent se sera perpétué dans
550 sa famille : c'est un de ses descendants qui aura fait
cette statue. Il n'y a rien de plus sûr.

— Mais, répliquai-je, je vois sur le bras un petit trou.
Je pense qu'il a servi à fixer quelque chose, un bracelet,
par exemple, que ce Myron donna à Vénus en offrande
555 expiatoire[2]. Myron était un amant malheureux. Vénus
était irritée contre lui : il l'apaisa en lui consacrant un

---

1. *Mot hybride* : mot formé à partir d'éléments empruntés à deux
langues différentes.
2. *Offrande expiatoire* : don fait à une divinité dont on redoute la
colère, pour s'attirer sa bienveillance.

bracelet d'or. Remarquez que *fecit*[1] se prend fort souvent pour *consecravit*[2]. Ce sont termes synonymes. Je vous en montrerais plus d'un exemple si j'avais sous la main
560 Gruter ou bien Orellius[3]. Il est naturel qu'un amoureux voie Vénus en rêve, qu'il s'imagine qu'elle lui commande de donner un bracelet d'or à sa statue. Myron lui consacra un bracelet... Puis les Barbares ou bien quelque voleur sacrilège...

565 — Ah ! qu'on voit bien que vous avez fait des romans ! s'écria mon hôte en me donnant la main pour descendre. Non, monsieur, c'est un ouvrage de l'école de Myron. Regardez seulement le travail, et vous en conviendrez. »

570 M'étant fait une loi de ne jamais contredire à outrance les antiquaires entêtés, je baissai la tête d'un air convaincu en disant : « C'est un admirable morceau.

— Ah ! mon Dieu, s'écria M. de Peyrehorade, encore un trait de vandalisme ! On aura jeté une pierre à ma
575 statue ! »

Il venait d'apercevoir une marque blanche un peu au-dessus du sein de la Vénus. Je remarquai une trace semblable sur les doigts de la main droite, qui, je le supposai alors, avaient été touchés dans le trajet de la
580 pierre, ou bien un fragment s'en était détaché par le choc et avait ricoché[4] sur la main. Je contai à mon

---

1. *Fecit* : mot latin qui signifie « il fit ».
2. *Consecravit* : mot latin qui signifie « il consacra ».
3. Gruter et Orellius étaient deux savants spécialisés dans l'étude des langues (philologues). Le premier a vécu à la fin du XVIe siècle et au début du XVIIe siècle, le second au XIXe siècle.
4. *Ricoché* : rebondi obliquement.

hôte l'insulte dont j'avais été témoin et la prompte punition qui s'en était suivie. Il en rit beaucoup, et, comparant l'apprenti à Diomède[1], il lui souhaita de
585 voir, comme le héros grec, tous ses compagnons changés en oiseaux blancs.

La cloche du déjeuner interrompit cet entretien classique, et, de même que la veille, je fus obligé de manger comme quatre. Puis vinrent des fermiers
590 de M. de Peyrehorade ; et pendant qu'il leur donnait audience[2], son fils me mena voir une calèche qu'il avait achetée à Toulouse pour sa fiancée, et que j'admirai, cela va sans dire. Ensuite j'entrai avec lui dans l'écurie, où il me tint une demi-heure à me vanter ses chevaux,
595 à me faire leur généalogie, à me conter les prix qu'ils avaient gagnés aux courses du département. Enfin il en vint à me parler de sa future[3], par la transition d'une jument grise qu'il lui destinait.

« Nous la verrons aujourd'hui, dit-il. Je ne sais si
600 vous la trouverez jolie. Vous êtes difficiles, à Paris ; mais tout le monde, ici et à Perpignan, la trouve charmante. Le bon, c'est qu'elle est fort riche. Sa tante de Prades lui a laissé son bien. Oh ! je vais être fort heureux. »

605 Je fus profondément choqué de voir un jeune homme

---

1. *Diomède :* héros grec qui avait blessé Vénus au cours du siège de Troie alors qu'elle essayait de sauver Énée (Homère, IXe siècle av. J.-C., *l'Iliade*). Selon la légende, les dieux l'auraient puni en le faisant disparaître sous les yeux de ses compagnons, qui furent transformés en oiseaux.
2. *Il leur donnait audience :* il les recevait et les écoutait.
3. *Sa future :* sa fiancée (sa future femme).

paraître plus touché de la dot que des beaux yeux de sa future.

« Vous vous connaissez en bijoux, poursuivit M. Alphonse, comment trouvez-vous ceci ? Voici
610 l'anneau que je lui donnerai demain. »

En parlant ainsi, il tirait de la première phalange de son petit doigt une grosse bague enrichie de diamants, et formée de deux mains entrelacées ; allusion qui me parut infiniment poétique. Le travail en était ancien,
615 mais je jugeai qu'on l'avait retouchée pour enchâsser[1] les diamants. Dans l'intérieur de la bague se lisaient ces mots en lettres gothiques : *Sempr' ab ti,* c'est-à-dire, toujours avec toi.

« C'est une jolie bague, lui dis-je ; mais ces diamants
620 ajoutés lui ont fait perdre un peu de son caractère.

— Oh ! elle est bien plus belle comme cela, répondit-il en souriant. Il y a là pour douze cents francs de diamants. C'est ma mère qui me l'a donnée. C'était une bague de famille, très ancienne... du temps de la
625 chevalerie. Elle avait servi à ma grand-mère, qui la tenait de la sienne. Dieu sait quand cela a été fait.

— L'usage à Paris, lui dis-je, est de donner un anneau tout simple, ordinairement composé de deux métaux différents, comme de l'or et du platine. Tenez, cette
630 autre bague, que vous avez à ce doigt, serait fort convenable. Celle-ci, avec ses diamants et ses mains en relief, est si grosse, qu'on ne pourrait mettre un gant par-dessus.

---

1. *Enchâsser* : fixer dans une monture, sertir.

— Oh ! Mme Alphonse s'arrangera comme elle
635 voudra. Je crois qu'elle sera toujours bien contente de
l'avoir. Douze cents francs au doigt, c'est agréable.
Cette petite bague-là, ajouta-t-il en regardant d'un air
de satisfaction l'anneau tout uni qu'il portait à la main,
celle-là, c'est une femme à Paris qui me l'a donnée un
640 jour de mardi gras. Ah ! comme je m'en suis donné
quand j'étais à Paris, il y a deux ans ! C'est là qu'on
s'amuse !... » Et il soupira de regret.

Nous devions dîner ce jour-là à Puygarrig, chez les
parents de la future ; nous montâmes en calèche, et
645 nous nous rendîmes au château, éloigné d'Ille d'environ
une lieue et demie. Je fus présenté et accueilli comme
l'ami de la famille. Je ne parlerai pas du dîner ni de la
conversation qui s'ensuivit, et à laquelle je pris peu de
part. M. Alphonse, placé à côté de sa future, lui disait
650 un mot à l'oreille tous les quarts d'heure. Pour elle,
elle ne levait guère les yeux, et, chaque fois que son
prétendu[1] lui parlait, elle rougissait avec modestie, mais
lui répondait sans embarras.

Mlle de Puygarrig avait dix-huit ans ; sa taille souple
655 et délicate contrastait avec les formes osseuses de son
robuste fiancé. Elle était non seulement belle, mais
séduisante. J'admirais le naturel parfait de toutes ses
réponses ; et son air de bonté, qui pourtant n'était pas
exempt d'une légère teinte de malice, me rappela,
660 malgré moi, la Vénus de mon hôte. Dans cette
comparaison que je fis en moi-même, je me demandais

---

1. *Son prétendu* : son fiancé.

si la supériorité de beauté qu'il fallait bien accorder à
la statue ne tenait pas, en grande partie, à son expression
de tigresse ; car l'énergie, même dans les mauvaises
665 passions, excite toujours en nous un étonnement et une
espèce d'admiration involontaire.

« Quel dommage, me dis-je en quittant Puygarrig,
qu'une si aimable personne soit riche, et que sa dot la
fasse rechercher par un homme indigne d'elle ! »

670 En revenant à Ille, et ne sachant trop que dire à
Mme de Peyrehorade, à qui je croyais convenable
d'adresser quelquefois la parole :

« Vous êtes bien esprits forts[1] en Roussillon ! m'écriai-
je ; comment, madame, vous faites un mariage un
675 vendredi[2] ! À Paris nous aurions plus de superstition ;
personne n'oserait prendre femme un tel jour.

— Mon Dieu ! ne m'en parlez pas, me dit-elle, si
cela n'avait dépendu que de moi, certes on eût choisi
un autre jour. Mais Peyrehorade l'a voulu, et il a fallu
680 lui céder. Cela me fait de la peine pourtant. S'il arrivait
quelque malheur ? Il faut bien qu'il y ait une raison,
car enfin pourquoi tout le monde a-t-il peur du vendredi ?

— Vendredi ! s'écria son mari, c'est le jour de Vénus[3] !
Bon jour pour un mariage ! Vous le voyez, mon cher
685 collègue, je ne pense qu'à ma Vénus. D'honneur[4] ! c'est
à cause d'elle que j'ai choisi le vendredi. Demain, si

---

1. *Esprits forts* : libres-penseurs, qui se moquent des croyances
admises.
2. La coutume de ne pas se marier un vendredi pourrait être liée à la
mort du Christ qui, selon les Écritures, a eu lieu un vendredi.
3. « Vendredi » vient du latin *Veneris dies* qui signifie « jour de Vénus ».
4. *D'honneur* : ma parole d'honneur.

vous voulez, avant la noce, nous lui ferons un petit sacrifice ; nous sacrifierons deux palombes[1], et si je savais où trouver de l'encens...

690 — Fi donc, Peyrehorade ! interrompit sa femme scandalisée au dernier point. Encenser une idole ! Ce serait une abomination ! Que dirait-on de nous dans le pays ?

— Au moins, dit M. de Peyrehorade, tu me permettras
695 de lui mettre sur la tête une couronne de roses et de lis :

Manibus date lilia plenis[2].

Vous le voyez, monsieur, la Charte[3] est un vain mot. Nous n'avons pas la liberté des cultes ! »
700 Les arrangements du lendemain furent réglés de la manière suivante. Tout le monde devait être prêt et en toilette à dix heures précises. Le chocolat pris, on se rendrait en voiture à Puygarrig. Le mariage civil devait se faire à la mairie du village, et la cérémonie religieuse
705 dans la chapelle du château. Viendrait ensuite un déjeuner. Après le déjeuner on passerait le temps comme l'on pourrait jusqu'à sept heures. À sept heures, on retournerait à Ille, chez M. de Peyrehorade, où devaient souper les deux familles réunies. Le reste s'ensuit

---

1. *Palombes* : oiseaux consacrés à Vénus dans l'Antiquité.
2. « Jetez à pleines mains des lis », Virgile, *l'Énéide*, VI, 883.
3. *La Charte* : constitution politique de la France octroyée en 1814 par Louis XVIII. Révisée en 1830 après la révolution de Juillet, elle reconnaissait « la religion catholique comme la religion professée par la majorité des Français », tout en assurant en principe la liberté des cultes.

710 naturellement. Ne pouvant danser, on avait voulu manger le plus possible.

Dès huit heures j'étais assis devant la Vénus, un crayon à la main, recommençant pour la vingtième fois la tête de la statue, sans pouvoir parvenir à en saisir
715 l'expression. M. de Peyrehorade allait et venait autour de moi, me donnait des conseils, me répétait ses étymologies phéniciennes ; puis disposait des roses du Bengale sur le piédestal de la statue, et d'un ton tragi-comique lui adressait des vœux pour le couple qui allait
720 vivre sous son toit. Vers neuf heures il rentra pour songer à sa toilette, et en même temps parut M. Alphonse, bien serré dans un habit neuf, en gants blancs, souliers vernis, boutons ciselés, une rose à la boutonnière.

725 « Vous ferez le portrait de ma femme ? me dit-il en se penchant sur mon dessin. Elle est jolie aussi. »

En ce moment commençait, sur le jeu de paume dont j'ai parlé, une partie qui, sur-le-champ, attira l'attention de M. Alphonse. Et moi, fatigué, et désespérant
730 de rendre cette diabolique figure, je quittai bientôt mon dessin pour regarder les joueurs. Il y avait parmi eux quelques muletiers[1] espagnols arrivés de la veille. C'étaient des Aragonais et des Navarrois[2], presque tous d'une adresse merveilleuse. Aussi les Illois, bien
735 qu'encouragés par la présence et les conseils de M. Alphonse, furent-ils assez promptement battus par ces nouveaux champions. Les spectateurs nationaux

---

1. *Muletiers* : conducteurs de mulets.
2. Habitants des régions d'Aragon et de Navarre, en Espagne.

étaient consternés. M. Alphonse regarda à sa montre.
Il n'était encore que neuf heures et demie. Sa mère
740 n'était pas coiffée. Il n'hésita plus : il ôta son habit,
demanda une veste, et défia les Espagnols. Je le regardais
faire en souriant, et un peu surpris.

« Il faut soutenir l'honneur du pays », dit-il.

Alors je le trouvai vraiment beau. Il était passionné.
745 Sa toilette, qui l'occupait si fort tout à l'heure, n'était
plus rien pour lui. Quelques minutes avant il eût craint
de tourner la tête de peur de déranger sa cravate.
Maintenant il ne pensait plus à ses cheveux frisés ni à
son jabot si bien plissé. Et sa fiancée ?... Ma foi, si cela
750 eût été nécessaire, il aurait, je crois, fait ajourner[1] le
mariage. Je le vis chausser à la hâte une paire de
sandales, retrousser ses manches, et, d'un air assuré, se
mettre à la tête du parti vaincu, comme César ralliant
ses soldats à Dyrrachium[2]. Je sautai la haie, et me plaçai
755 commodément à l'ombre d'un micocoulier[3], de façon à
bien voir les deux camps.

Contre l'attente générale, M. Alphonse manqua la
première balle ; il est vrai qu'elle vint rasant la terre et
lancée avec une force surprenante par un Aragonais qui
760 paraissait être le chef des Espagnols.

C'était un homme d'une quarantaine d'années, sec
et nerveux, haut de six pieds, et sa peau olivâtre avait

---

1. *Ajourner :* renvoyer à un autre jour.
2. *Dyrrachium :* ville d'Illyrie, où César (101-44 av. J.-C.) fut vaincu
par Pompée en 48 av. J.-C. Rebaptisée Durrës, cette ville se situe
dans l'actuelle Albanie.
3. *Micocoulier :* arbre du Midi de la famille de l'orme.

Joueur de paume. Lithographie de Thomas, début du XIXᵉ siècle.

une teinte presque aussi foncée que le bronze de la
Vénus.

765   M. Alphonse jeta sa raquette à terre avec fureur.

« C'est cette maudite bague, s'écria-t-il, qui me serre
le doigt, et me fait manquer une balle sûre ! »

Il ôta, non sans peine, sa bague de diamants : je
m'approchais pour la recevoir ; mais il me prévint[1],
770   courut à la Vénus, lui passa la bague au doigt annulaire,
et reprit son poste à la tête des Illois.

Il était pâle, mais calme et résolu. Dès lors il ne fit
plus une seule faute, et les Espagnols furent battus
complètement. Ce fut un beau spectacle que

---

1. *Il me prévint* : il me devança (sens vieilli).

775 l'enthousiasme des spectateurs : les uns poussaient mille cris de joie en jetant leurs bonnets en l'air ; d'autres lui serraient les mains, l'appelant l'honneur du pays. S'il eût repoussé une invasion, je doute qu'il eût reçu des félicitations plus vives et plus sincères. Le chagrin

780 des vaincus ajoutait encore à l'éclat de sa victoire.

« Nous ferons d'autres parties, mon brave, dit-il à l'Aragonais d'un ton de supériorité ; mais je vous rendrai des points[1]. »

J'aurais désiré que M. Alphonse fût plus modeste, et

785 je fus presque peiné de l'humiliation de son rival.

Le géant espagnol ressentit profondément cette insulte. Je le vis pâlir sous sa peau basanée. Il regardait d'un air morne sa raquette en serrant les dents ; puis, d'une voix étouffée, il dit tout bas : *Me lo pagarás*[2].

790 La voix de M. de Peyrehorade troubla le triomphe de son fils ; mon hôte, fort étonné de ne point le trouver présidant aux apprêts[3] de la calèche neuve, le fut bien plus encore en le voyant tout en sueur, la raquette à la main. M. Alphonse courut à la maison,

795 se lava la figure et les mains, remit son habit neuf et ses souliers vernis, et cinq minutes après nous étions au grand trot sur la route de Puygarrig. Tous les joueurs de paume de la ville et grand nombre de spectateurs nous suivirent avec des cris de joie. À peine

800 les chevaux vigoureux qui nous traînaient pouvaient-

---

1. Un joueur considéré comme trop fort pour son adversaire peut lui accorder un certain nombre de points d'avance afin d'équilibrer la partie.
2. *Me lo pagarás* : « Tu me le paieras » (en espagnol).
3. *Présidant aux apprêts* : surveillant les préparatifs.

ils maintenir leur avance sur ces intrépides Catalans.

Nous étions à Puygarrig, et le cortège allait se mettre en marche pour la mairie, lorsque M. Alphonse, se frappant le front, me dit tout bas :

805 « Quelle brioche[1] ! J'ai oublié la bague ! Elle est au doigt de la Vénus, que le diable puisse emporter ! Ne le dites pas à ma mère au moins. Peut-être qu'elle ne s'apercevra de rien.

— Vous pourriez envoyer quelqu'un, lui dis-je.

810 — Bah ! mon domestique est resté à Ille. Ceux-ci, je ne m'y fie guère. Douze cents francs de diamants ! cela pourrait en tenter plus d'un. D'ailleurs que penserait-on ici de ma distraction ? Ils se moqueraient trop de moi. Ils m'appelleraient le mari de la statue...

815 Pourvu qu'on ne me la vole pas ! Heureusement que l'idole fait peur à mes coquins. Ils n'osent l'approcher à longueur de bras. Bah ! ce n'est rien ; j'ai une autre bague. »

Les deux cérémonies civile et religieuse s'accomplirent

820 avec la pompe[2] convenable ; et Mlle de Puygarrig reçut l'anneau d'une modiste[3] de Paris, sans se douter que son fiancé lui faisait le sacrifice d'un gage amoureux[4]. Puis on se mit à table, où l'on but, mangea, chanta

---

1. *Quelle brioche* : quelle bêtise, expression à la mode chez les dandys de l'époque. (Origine probable : les musiciens de l'Opéra, s'ils faisaient une erreur, devaient payer une amende. Chaque mois, la somme ainsi recueillie servait à l'achat d'une grosse brioche que l'on mangeait en commun.)
2. *Pompe* : cérémonial, décorum.
3. *Modiste* : femme qui fabrique ou vend des chapeaux.
4. *Gage amoureux* : il s'agit du simple anneau qui avait été donné à M. Alphonse par cette modiste en signe d'amour.

même, le tout fort longuement. Je souffrais pour la
825 mariée de la grosse joie qui éclatait autour d'elle ;
pourtant elle faisait meilleure contenance que je ne
l'aurais espéré, et son embarras n'était ni de la gaucherie[1]
ni de l'affectation[2].

Peut-être le courage vient-il avec les situations difficiles.
830 Le déjeuner terminé quand il plut à Dieu, il était
quatre heures ; les hommes allèrent se promener dans
le parc, qui était magnifique, ou regardèrent danser sur
la pelouse du château les paysannes de Puygarrig, parées
de leurs habits de fête. De la sorte, nous employâmes
835 quelques heures. Cependant les femmes étaient fort
empressées autour de la mariée, qui leur faisait admirer
sa corbeille[3]. Puis elle changea de toilette, et je remarquai
qu'elle couvrit ses beaux cheveux d'un bonnet et d'un
chapeau à plumes, car les femmes n'ont rien de plus
840 pressé que de prendre, aussitôt qu'elles le peuvent, les
parures que l'usage leur défend de porter quand elles
sont encore demoiselles.

Il était près de huit heures quand on se disposa à
partir pour Ille. Mais d'abord eut lieu une scène
845 pathétique[4]. La tante de Mlle de Puygarrig, qui lui
servait de mère, femme très âgée et fort dévote[5], ne
devait point aller avec nous à la ville. Au départ, elle

---

1. *Gaucherie* : maladresse.
2. *Affectation* : manque de naturel.
3. *Corbeille* : ensemble des cadeaux, parures et bijoux offerts à la mariée.
4. *Pathétique* : émouvante, bouleversante.
5. *Dévote* : qui manifeste un zèle extrême pour la religion et ses pratiques.

56

fit à sa nièce un sermon touchant sur ses devoirs d'épouse, duquel sermon résulta un torrent de larmes
850 et des embrassements sans fin. M. de Peyrehorade comparait cette séparation à l'enlèvement des Sabines[1]. Nous partîmes pourtant, et, pendant la route, chacun s'évertua pour distraire la mariée et la faire rire ; mais ce fut en vain.

855 À Ille, le souper nous attendait, et quel souper ! Si la grosse joie du matin m'avait choqué, je le fus bien davantage des équivoques[2] et des plaisanteries dont le marié et la mariée surtout furent l'objet. Le marié, qui avait disparu un instant avant de se mettre à table,
860 était pâle et d'un sérieux de glace. Il buvait à chaque instant du vieux vin de Collioure presque aussi fort que de l'eau-de-vie. J'étais à côté de lui, et me crus obligé de l'avertir :

« Prenez garde ! on dit que le vin... »

865 Je ne sais quelle sottise je lui dis pour me mettre à l'unisson des convives.

Il me poussa le genou, et très bas il me dit :

« Quand on se lèvera de table..., que je puisse vous dire deux mots. »

870 Son ton solennel me surprit. Je le regardai plus attentivement, et je remarquai l'étrange altération de ses traits[3].

---

1. *Sabines* : jeunes filles enlevées après la fondation de Rome (vers 753 av. J.-C.) par les Romains, qui manquaient alors de femmes. Ces jeunes filles étaient originaires d'un peuple voisin de Rome : les Sabins.
2. *Équivoques* : mauvais jeux de mots (sens vieilli).
3. *Altération de ses traits* : modification des traits de son visage.

« Vous sentez-vous indisposé ? lui demandai-je.

— Non. »

875 Et il se remit à boire.

Cependant, au milieu des cris et des battements de mains, un enfant de onze ans, qui s'était glissé sous la table, montrait aux assistants un joli ruban blanc et rose qu'il venait de détacher de la cheville de la mariée.
880 On appelle cela sa jarretière. Elle fut aussitôt coupée par morceaux et distribuée aux jeunes gens, qui en ornèrent leur boutonnière, suivant un antique usage qui se conserve encore dans quelques familles patriarcales[1].
Ce fut pour la mariée une occasion de rougir
885 jusqu'au blanc des yeux. Mais son trouble fut au comble lorsque M. de Peyrehorade, ayant réclamé le silence, lui chanta quelques vers catalans, impromptu[2], disait-il. En voici le sens, si je l'ai bien compris :

« Qu'est-ce donc, mes amis ? Le vin que j'ai bu me
890 fait-il voir double ? Il y a deux Vénus ici... »

Le marié tourna brusquement la tête d'un air effaré, qui fit rire tout le monde.

« Oui, poursuivit M. de Peyrehorade, il y a deux Vénus sous mon toit. L'une, je l'ai trouvée dans la terre
895 comme une truffe ; l'autre, descendue des cieux, vient de nous partager sa ceinture. »

Il voulait dire sa jarretière.

« Mon fils, choisis de la Vénus romaine ou de la catalane celle que tu préfères. Le maraud prend la
900 catalane, et sa part est la meilleure. La romaine est

---

1. *Patriarcales :* où la puissance du père est prépondérante.
2. *Impromptu :* d'une manière improvisée.

Un mariage au XIXᵉ siècle : *la Bénédiction*.
Lithographie de Mendouze, d'après Wattier.

noire, la catalane est blanche. La romaine est froide, la catalane enflamme tout ce qui l'approche. »

Cette chute[1] excita un tel hourra, des applaudissements si bruyants et des rires si sonores, que je crus que le
905 plafond allait nous tomber sur la tête. Autour de la table il n'y avait que trois visages sérieux, ceux des mariés et le mien. J'avais un grand mal de tête ; et puis, je ne sais pourquoi, un mariage m'attriste toujours. celui-là, en outre, me dégoûtait un peu.

---

1. *Chute* : trait d'esprit sur lequel se conclut un discours ou un récit.

59

910 Les derniers couplets ayant été chantés par l'adjoint du maire, et ils étaient fort lestes[1], je dois le dire, on passa dans le salon pour jouir du départ de la mariée, qui devait être bientôt conduite à sa chambre, car il était près de minuit.

915 M. Alphonse me tira dans l'embrasure d'une fenêtre, et me dit en détournant les yeux :

« Vous allez vous moquer de moi... Mais je ne sais ce que j'ai... je suis ensorcelé ! le diable m'emporte ! »

La première pensée qui me vint fut qu'il se croyait
920 menacé de quelque malheur du genre de ceux dont parlent Montaigne et Mme de Sévigné : « Tout l'empire amoureux est plein d'histoires tragiques », etc.

Je croyais que ces sortes d'accidents n'arrivaient qu'aux gens d'esprit, me dis-je à moi-même[2].

925 « Vous avez trop bu de vin de Collioure, mon cher monsieur Alphonse, lui dis-je. Je vous avais prévenu.

— Oui, peut-être. Mais c'est quelque chose de bien plus terrible. »

Il avait la voix entrecoupée. Je le crus tout à fait
930 ivre.

« Vous savez bien, mon anneau ? poursuivit-il après un silence.

— Eh bien ! on l'a pris ?

— Non.

935 — En ce cas, vous l'avez ? »

---

1. *Lestes* : trop libres, qui peuvent choquer.
2. Allusion à une situation gênante : l'impuissance sexuelle passagère. Mérimée connut ce genre d'« accident » auprès de la romancière George Sand (1804-1876).

— Non... je... je ne puis l'ôter du doigt de cette diable de Vénus.

— Bon ! vous n'avez pas tiré assez fort.

— Si fait... Mais la Vénus... elle a serré le doigt. »

940 Il me regardait fixement d'un air hagard, s'appuyant à l'espagnolette[1] pour ne pas tomber.

« Quel conte ! lui dis-je. Vous avez trop enfoncé l'anneau. Demain vous l'aurez avec des tenailles. Mais prenez garde de gâter[2] la statue.

945 — Non, vous dis-je. Le doigt de la Vénus est retiré[3], reployé ; elle serre la main, m'entendez-vous ?... C'est ma femme, apparemment, puisque je lui ai donné mon anneau... Elle ne veut plus le rendre. »

J'éprouvai un frisson subit, et j'eus un instant la chair
950 de poule. Puis, un grand soupir qu'il fit m'envoya une bouffée de vin, et toute émotion disparut.

Le misérable, pensai-je, est complètement ivre.

« Vous êtes antiquaire, monsieur, ajouta le marié d'un ton lamentable ; vous connaissez ces statues-là... il y a
955 peut-être quelque ressort, quelque diablerie, que je ne connais point... Si vous alliez voir ?

— Volontiers, dis-je. Venez avec moi.

— Non, j'aime mieux que vous y alliez seul. »

Je sortis du salon.

960 Le temps avait changé pendant le souper, et la pluie commençait à tomber avec force. J'allais demander un parapluie, lorsqu'une réflexion m'arrêta. Je serais un

---

1. *Espagnolette :* poignée de la fenêtre.
2. *Gâter :* abîmer.
3. *Retiré :* recourbé.

bien grand sot, me dis-je, d'aller vérifier ce que m'a dit
un homme ivre ! Peut-être, d'ailleurs, a-t-il voulu me
965 faire quelque méchante plaisanterie pour apprêter à rire[1]
à ces honnêtes provinciaux ; et le moins qu'il puisse
m'en arriver, c'est d'être trempé jusqu'aux os et d'attraper
un bon rhume.

De la porte je jetai un coup d'œil sur la statue
970 ruisselante d'eau, et je montai dans ma chambre sans
rentrer dans le salon. Je me couchai ; mais le sommeil
fut long à venir. Toutes les scènes de la journée se
représentaient à mon esprit. Je pensais à cette jeune
fille si belle et si pure abandonnée à un ivrogne brutal.
975 Quelle odieuse chose, me disais-je, qu'un mariage de
convenance ! Un maire revêt une écharpe tricolore, un
curé une étole, et voilà la plus honnête fille du monde
livrée au Minotaure[2]. Deux êtres qui ne s'aiment pas,
que peuvent-ils se dire dans un pareil moment, que
980 deux amants achèteraient au prix de leur existence ?
Une femme peut-elle jamais aimer un homme qu'elle
aura vu grossier une fois ? Les premières impressions
ne s'effacent pas, et j'en suis sûr, ce M. Alphonse
méritera bien d'être haï...
985 Durant mon monologue, que j'abrège beaucoup,
j'avais entendu force allées et venues dans la maison,
les portes s'ouvrir et se fermer, des voitures partir ;

---

1. *Apprêter à rire* : faire rire.
2. *Le Minotaure :* monstre de la mythologie grecque, mi-homme, mi-
taureau. Il exigeait que la cité d'Athènes lui livre chaque année, en
Crète, dans le Labyrinthe, un tribut de sept jeunes gens et de sept
jeunes filles.

puis il me semblait avoir entendu sur l'escalier les pas
légers de plusieurs femmes se dirigeant vers l'extrémité
990 du corridor opposé à ma chambre. C'était probablement
le cortège de la mariée qu'on menait au lit. Ensuite on
avait redescendu l'escalier. La porte de Mme de
Peyrehorade s'était fermée. Que cette pauvre fille, me
dis-je, doit être troublée et mal à son aise ! Je me
995 tournais dans mon lit de mauvaise humeur. Un garçon[1]
joue un sot rôle dans une maison où s'accomplit un
mariage.

Le silence régnait depuis quelque temps lorsqu'il fut
troublé par des pas lourds qui montaient l'escalier. Les
1000 marches de bois craquèrent fortement.

« Quel butor[2] ! m'écriai-je. Je parie qu'il va tomber
dans l'escalier. »

Tout redevint tranquille. Je pris un livre pour changer
le cours de mes idées. C'était une statistique du
1005 département, ornée d'un mémoire de M. de Peyrehorade
sur les monuments druidiques[3] de l'arrondissement de
Prades. Je m'assoupis à la troisième page.

Je dormis mal et me réveillai plusieurs fois. Il pouvait
être cinq heures du matin, et j'étais éveillé depuis plus
1010 de vingt minutes lorsque le coq[4] chanta. Le jour allait
se lever. Alors j'entendis distinctement les mêmes pas
lourds, le même craquement de l'escalier que j'avais

---

1. *Garçon* : célibataire.
2. *Butor* : homme grossier et stupide.
3. *Druidiques* : de l'époque des druides, anciens prêtres gaulois.
4. Dans les histoires de revenants, le chant du coq met fin aux
apparitions.

entendus avant de m'endormir. Cela me parut singulier.
J'essayai, en bâillant, de deviner pourquoi M. Alphonse
1015 se levait si matin. Je n'imaginais rien de vraisemblable.
J'allais refermer les yeux lorsque mon attention fut de
nouveau excitée par des trépignements étranges auxquels
se mêlèrent bientôt le tintement des sonnettes et le
bruit de portes qui s'ouvraient avec fracas, puis je
1020 distinguai des cris confus.

Mon ivrogne aura mis le feu quelque part ! pensais-
je en sautant à bas de mon lit.

Je m'habillai rapidement et j'entrai dans le corridor.
De l'extrémité opposée partaient des cris et des
1025 lamentations, et une voix déchirante dominait toutes
les autres : « Mon fils ! mon fils ! » Il était évident
qu'un malheur était arrivé à M. Alphonse. Je courus à
la chambre nuptiale : elle était pleine de monde. Le
premier spectacle qui frappa ma vue fut le jeune homme
1030 à demi vêtu, étendu en travers sur le lit dont le bois
était brisé. Il était livide, sans mouvement. Sa mère
pleurait et criait à côté de lui. M. de Peyrehorade
s'agitait, lui frottait les tempes avec de l'eau de Cologne,
ou lui mettait des sels sous le nez. Hélas ! depuis
1035 longtemps son fils était mort. Sur un canapé, à l'autre
bout de la chambre, était la mariée, en proie à d'horribles
convulsions. Elle poussait des cris inarticulés, et deux
robustes servantes avaient toutes les peines du monde
à la contenir.

1040 « Mon Dieu ! m'écriai-je, qu'est-il donc arrivé ? »

Je m'approchai du lit et soulevai le corps du
malheureux jeune homme ; il était déjà roide et froid.
Ses dents serrées et sa figure noircie exprimaient les
plus affreuses angoisses. Il paraissait assez que sa mort

1045 avait été violente et son agonie terrible. Nulle trace de
sang cependant sur ses habits. J'écartai sa chemise et
vis sur sa poitrine une empreinte livide qui se prolongeait
sur les côtes et le dos. On eût dit qu'il avait été étreint
dans un cercle de fer. Mon pied posa sur quelque chose
1050 de dur qui se trouvait sur le tapis ; je me baissai et vis
la bague de diamants.

J'entraînai M. de Peyrehorade et sa femme dans leur
chambre ; puis j'y fis porter la mariée. « Vous avez
encore une fille, leur dis-je, vous lui devez vos soins. »
1055 Alors je les laissai seuls.

Il ne me paraissait pas douteux que M. Alphonse
n'eût été victime d'un assassinat dont les auteurs avaient
trouvé moyen de s'introduire la nuit dans la chambre
de la mariée. Ces meurtrissures à la poitrine, leur
1060 direction circulaire m'embarrassaient beaucoup pourtant,
car un bâton ou une barre de fer n'aurait pu les
produire. Tout d'un coup je me souvins d'avoir entendu
dire qu'à Valence des braves[1] se servaient de longs sacs
de cuir remplis de sable fin pour assommer les gens
1065 dont on leur avait payé la mort. Aussitôt je me rappelai
le muletier aragonais et sa menace ; toutefois j'osais à
peine penser qu'il eût tiré une si terrible vengeance
d'une plaisanterie légère.

J'allais dans la maison, cherchant partout des traces
1070 d'effraction[2], et n'en trouvant nulle part. Je descendis
dans le jardin pour voir si les assassins avaient pu

---

1. *Braves* : autrefois, tueurs à gages (de l'italien *bravi*).
2. *Effraction* : fait de s'introduire dans une maison en brisant ou forçant portes et fenêtres.

s'introduire de ce côté ; mais je ne trouvai aucun indice certain. La pluie de la veille avait d'ailleurs tellement détrempé le sol, qu'il n'aurait pu garder d'empreinte
1075 bien nette. J'observai pourtant quelques pas profondément imprimés dans la terre : il y en avait dans deux directions contraires, mais sur une même ligne, partant de l'angle de la haie contiguë au jeu de paume et aboutissant à la porte de la maison. Ce
1080 pouvait être les pas de M. Alphonse lorsqu'il était allé chercher son anneau au doigt de la statue. D'un autre côté, la haie, en cet endroit, étant moins fourrée qu'ailleurs, ce devait être sur ce point que les meurtriers l'auraient franchie. Passant et repassant devant la statue,
1085 je m'arrêtai un instant pour la considérer. Cette fois, je l'avouerai, je ne pus contempler sans effroi son expression de méchanceté ironique ; et, la tête toute pleine des scènes horribles dont je venais d'être le témoin, il me sembla voir une divinité infernale applaudissant au
1090 malheur qui frappait cette maison.

Je regagnai ma chambre et j'y restai jusqu'à midi. Alors je sortis et demandai des nouvelles de mes hôtes. Ils étaient un peu plus calmes. Mlle de Puygarrig, je devrais dire la veuve de M. Alphonse, avait repris
1095 connaissance. Elle avait même parlé au procureur[1] du roi de Perpignan, alors en tournée à Ille, et ce magistrat avait reçu sa déposition. Il me demanda la mienne. Je lui dis ce que je savais, et ne lui cachai pas mes

---

1. *Procureur :* magistrat représentant la société devant les tribunaux.

soupçons contre le muletier aragonais. Il ordonna qu'il
1100 fût arrêté sur-le-champ.

« Avez-vous appris quelque chose de Mme Alphonse ? » demandai-je au procureur du roi, lorsque
ma déposition fut écrite et signée.

« Cette malheureuse jeune personne est devenue folle,
1105 me dit-il en souriant tristement. Folle ! tout à fait
folle. Voici ce qu'elle conte :

Elle était couchée, dit-elle, depuis quelques minutes,
les rideaux tirés, lorsque la porte de sa chambre s'ouvrit,
et quelqu'un entra. Alors Mme Alphonse était dans la
1110 ruelle[1] du lit, la figure tournée vers la muraille. Elle ne
fit pas un mouvement, persuadée que c'était son mari.
Au bout d'un instant, le lit cria comme s'il était chargé
d'un poids énorme. Elle eut grand'peur, mais n'osa pas
tourner la tête. Cinq minutes, dix minutes peut-être...
1115 elle ne peut se rendre compte du temps, se passèrent
de la sorte. Puis elle fit un mouvement involontaire, ou
bien la personne qui était dans le lit en fit un, et elle
sentit le contact de quelque chose de froid comme la
glace, ce sont ses expressions. Elle s'enfonça dans
1120 la ruelle[2], tremblant de tous ses membres. Peu après, la
porte s'ouvrit une seconde fois, et quelqu'un entra, qui
dit : Bonsoir, ma petite femme. Bientôt après on tira
les rideaux. Elle entendit un cri étouffé. La personne

---

1. *Ruelle* : espace entre le mur et un côté du lit ; Mérimée a sans
doute voulu dire que Mme Alphonse était couchée du côté du mur.
2. *Elle s'enfonça ... ruelle* : elle se rapprocha le plus possible du bord
du lit.

qui était dans le lit, à côté d'elle, se leva sur son séant[1]
1125 et parut étendre les bras en avant. Elle tourna la tête
alors... et vit, dit-elle, son mari à genoux auprès du lit,
la tête à la hauteur de l'oreiller, entre les bras d'une
espèce de géant verdâtre qui l'étreignait avec force. Elle
dit, et m'a répété vingt fois, pauvre femme !... elle dit
1130 qu'elle a reconnu... devinez-vous ? La Vénus de bronze,
la statue de M. de Peyrehorade... Depuis qu'elle est
dans le pays, tout le monde en rêve. Mais je reprends
le récit de la malheureuse folle. À ce spectacle, elle
perdit connaissance, et probablement depuis quelques
1135 instants elle avait perdu la raison. Elle ne peut en
aucune façon dire combien de temps elle demeura
évanouie. Revenue à elle, elle revit le fantôme, ou la
statue, comme elle dit toujours, immobile, les jambes
et le bas du corps dans le lit, le buste et les bras
1140 étendus en avant, et entre ses bras son mari, sans
mouvement. Un coq chanta. Alors la statue sortit du
lit, laissa tomber le cadavre et sortit. Mme Alphonse se
pendit à la sonnette, et vous savez le reste. »

On amena l'Espagnol ; il était calme, et se défendit
1145 avec beaucoup de sang-froid et de présence d'esprit. Du
reste, il ne nia pas le propos que j'avais entendu ; mais
il l'expliquait, prétendant qu'il n'avait voulu dire autre
chose, sinon que le lendemain, reposé qu'il serait, il
aurait gagné une partie de paume à son vainqueur. Je
1150 me rappelle qu'il ajouta :

« Un Aragonais, lorsqu'il est outragé, n'attend pas au

---

1. *Se leva sur son séant* : s'assit (s'emploie seulement pour une
personne couchée).

lendemain pour se venger. Si j'avais cru que M. Alphonse
eût voulu m'insulter, je lui aurais sur-le-champ donné
de mon couteau dans le ventre. »

1155 On compara ses souliers avec les empreintes de pas
dans le jardin ; ses souliers étaient beaucoup plus grands.

Enfin l'hôtelier chez qui cet homme était logé assura
qu'il avait passé toute la nuit à frotter et à médicamenter
un de ses mulets qui était malade.

1160 D'ailleurs cet Aragonais était un homme bien famé[1],
fort connu dans le pays, où il venait tous les ans pour
son commerce. On le relâcha donc en lui faisant des
excuses.

J'oubliais la déposition d'un domestique qui le dernier
1165 avait vu M. Alphonse vivant. C'était au moment qu'il
allait monter chez sa femme, et, appelant cet homme,
il lui demanda d'un air d'inquiétude s'il savait où j'étais.
Le domestique répondit qu'il ne m'avait point vu. Alors
M. Alphonse fit un soupir et resta plus d'une minute
1170 sans parler, puis il dit : « Allons ! le diable l'aura
emporté aussi ! »

Je demandai à cet homme si M. Alphonse avait sa
bague de diamants lorsqu'il lui parla. Le domestique
hésita pour répondre ; enfin il dit qu'il ne le croyait
1175 pas, qu'il n'y avait fait au reste aucune attention. « S'il
avait eu cette bague au doigt, ajouta-t-il en se reprenant,
je l'aurais sans doute remarquée, car je croyais qu'il
l'avait donnée à Mme Alphonse. »

En questionnant cet homme je ressentais un peu

---

1. *Bien famé :* qui a bonne réputation.

1180 de la terreur superstitieuse que la déposition de
Mme Alphonse avait répandue dans toute la maison.
Le procureur du roi me regarda en souriant, et je me
gardai bien d'insister.

Quelques heures après les funérailles de M. Alphonse,
1185 je me disposai à quitter Ille. La voiture de M. de
Peyrehorade devait me conduire à Perpignan. Malgré
son état de faiblesse, le pauvre vieillard voulut
m'accompagner jusqu'à la porte de son jardin. Nous le
traversâmes en silence, lui se traînant à peine, appuyé
1190 sur mon bras. Au moment de nous séparer, je jetai un
dernier regard sur la Vénus. Je prévoyais bien que mon
hôte, quoiqu'il ne partageât point les terreurs et les
haines qu'elle inspirait à une partie de sa famille,
voudrait se défaire d'un objet qui lui rappellerait sans
1195 cesse un malheur affreux. Mon intention était de
l'engager à la placer dans un musée. J'hésitais pour
entrer en matière, quand M. de Peyrehorade tourna
machinalement la tête du côté où il me voyait regarder
fixement. Il aperçut la statue et aussitôt fondit en
1200 larmes. Je l'embrassai, et, sans oser lui dire un seul
mot, je montai dans la voiture.

Depuis mon départ je n'ai point appris que quelque
jour[1] nouveau soit venu éclairer cette mystérieuse
catastrophe.

1205 M. de Peyrehorade mourut quelques mois après son
fils. Par son testament il m'a légué ses manuscrits, que

---

1. *Jour* : éclaircissement, information (sens du XVII⁰ siècle).

je publierai peut-être un jour. Je n'y ai point trouvé le mémoire relatif aux inscriptions de la Vénus.

P.-S. Mon ami M. de P. vient de m'écrire de Perpignan
1210 que la statue n'existe plus. Après la mort de son mari, le premier soin de Mme de Peyrehorade fut de la faire fondre en cloche, et sous cette nouvelle forme elle sert à l'église d'Ille. Mais, ajoute M. de P., il semble qu'un mauvais sort poursuive ceux qui possèdent ce bronze.
1215 Depuis que cette cloche sonne à Ille, les vignes ont gelé deux fois.

P. Mérimée

Tête d'Aphrodite.
Art grec du IVe siècle av. J.-C.
Musée de Corinthe, Grèce.

72

Guide d'explication

Le premier jour (l. 1 à 344)

L'arrivée du narrateur

1. À quel moment de la journée le narrateur arrive-t-il à Ille ?

2. Dans quelle intention se rend-il à Ille ?

3. « Je vais être un trouble-fête », pense-t-il. Pourquoi ?

4. Quel est, selon le guide, le but de la visite du narrateur ?

Le narrateur parisien examine ses hôtes

5. Classez sous forme de tableau les indications permettant de décrire, physiquement et moralement, les membres de la famille Peyrehorade. Quelles expressions soulignent le contraste entre Alphonse et ses parents ?

6. Montrez que le narrateur s'amuse à accentuer les traits de caractère de M. et Mme de Peyrehorade.

7. Dans la description que fait le narrateur de M. Alphonse, qu'est-ce qui n'est pas très flatteur pour ce dernier ? L'apparence physique du jeune homme présente plusieurs contrastes : lesquels ? Que révèle la question posée par M. Alphonse sur ses centres d'intérêt (l. 166 à 168) ? Le personnage vous paraît-il sympathique, ou non, et pourquoi ?

Une volonté de réalité

8. Ni le lieu ni les personnages ne sont tout d'abord décrits ; on entre sans préambule dans le récit par un

dialogue : comment Mérimée réussit-il à rendre vivant ce dialogue ? Citez le texte (en particulier les tournures familières employées par le guide).

9. Quelles sont les circonstances de la découverte de la statue (l'occasion, l'endroit, etc.) ? Relevez (l. 42 à 102) les différentes indications données par le guide (matière, poids, couleur, origine, yeux, expression, vêtement, état de conservation). Trois caractéristiques de la Vénus donnent lieu à des comparaisons : lesquelles (l. 49 à 95) ?

10. Relevez les détails qui permettent de situer l'action en Catalogne (paysages, précisions gastronomiques, nom des lieux, etc.). Qu'est-ce qui permet de dater l'action ? Montrez, en citant le texte, l'extrême précision de certaines descriptions.
Imaginez la disposition des pièces de l'étage supérieur par rapport à l'escalier. Sur quel paysage donne la fenêtre du narrateur ? Où se trouve très exactement placée la statue ?

La statue : des détails troublants

11. Quels détails, dans la découverte de la Vénus, peuvent paraître inquiétants ?

12. Pourquoi le guide catalan appelle-t-il la statue une « idole » (cherchez la définition de ce mot dans le Petit dictionnaire p. 131) ? Quels sentiments provoque la Vénus chez lui ? Le narrateur semble-t-il impressionné ? Justifiez votre réponse.

13. Résumez brièvement la scène de vandalisme à laquelle assiste le narrateur (indications visuelles et sonores). Qu'est-ce qui fait fuir les deux polissons ?

Relevez les expressions et les procédés (ponctuation, apostrophes, etc.) utilisés par Mérimée pour souligner l'agressivité verbale de l'un des jeunes gens (l. 316 à 327).

Comment le narrateur explique-t-il que la statue ait « renvoyé » la pierre ? Est-il troublé ? Quel est le mot qui l'indique ? Laquelle des deux interprétations vous semble la plus logique, celle du narrateur ou celle des polissons ? Pourquoi ?

Le deuxième jour (l. 345 à 711)

Du nouveau sur la statue

1. Relevez dans la description de la statue tous les détails qui permettraient de la dessiner.

2. Quels sentiments semblent se refléter sur le visage de la statue (l. 389 à 403) ? Relevez dans le texte les six termes qui les caractérisent et définissez-les.

3. Quelles réactions provoque l'expression du visage de la statue chez ceux qui la regardent et surtout chez le narrateur ?

4. Pourquoi l'une des traces laissées par la pierre sur la statue peut-elle paraître troublante ? Citez le texte.

Le ridicule de M. de Peyrehorade et de son fils

5. Pour quelles raisons M. de Peyrehorade éprouve-t-il le besoin de faire étalage de ses connaissances devant le narrateur ? Qu'y a-t-il de ridicule dans ses propos ? Devant tant d'érudition, le narrateur est partagé entre différents sentiments : lesquels ? Vous répondrez en citant le texte.

6. Quels sont les différents centres d'intérêt du fiancé à la veille de son mariage (l. 591 à 642) ? Qu'est-ce qui lui tient le plus à cœur ? Comment le narrateur réagit-il ? Sur quels points est-il en désaccord avec le futur marié ? Que pensez-vous de la remarque du narrateur sur les propos échangés pendant le repas par les deux futurs époux (l. 649 à 653) ?

La fiancée et la statue : des rivales ?

7. Quelle formule permet à l'auteur de ne pas s'appesantir sur le récit du dîner, qui ralentirait l'action sans apporter d'éléments nouveaux ?

8. Un nouveau personnage entre en scène, la fiancée de M. Alphonse : étudiez dans la présentation de Mlle de Puygarrig ce qui fait d'elle la « fiancée parfaite ».

9. Étudiez la comparaison entre la fiancée et la Vénus : relevez les termes qui marquent, point par point, l'opposition de leur « caractère ». Quelle est, pour le narrateur, la plus séduisante ? Laquelle des deux prend le plus d'importance ? Justifiez votre réponse.

10. Comparez les réactions des divers personnages à propos du jour choisi pour le mariage (l. 673 à 699). Répondez en vous appuyant sur des exemples précis tirés du texte. Montrez que la réaction de Mme de Peyrehorade renforce le climat de crainte qui s'installe autour de la statue. Autour de quel mot s'articule cette crainte ?

11. Justifiez l'emploi du conditionnel dans le dernier paragraphe (l. 700 à 711). Quand le verbe n'est pas au conditionnel, à quelle tournure recourt l'auteur pour parler des événements du lendemain (le mariage) ?

Le troisième jour (l. 712 à 968)

La partie de jeu de paume : une scène décisive

1. Le narrateur assiste à la scène du jeu de paume : relevez les verbes à la première personne du singulier qui évoquent sa présence. À partir du choix des verbes, quelle conclusion peut-on tirer sur le rôle du narrateur dans cette scène ?

2. Faites le plan de ce passage comme si vous vouliez faire un montage cinématographique.

3. Étudiez les comparaisons relevant du registre (voir p. 133) militaire qui transforment la partie de jeu de paume en une véritable bataille. Quels sont ici les protagonistes (voir p. 133) ? Étudiez la gradation (voir p. 131) de l'action : à quel moment l'équipe de M. Alphonse se met-elle à gagner ?

4. Pourquoi M. Alphonse prend-il part au jeu ? Comment peut-on qualifier son comportement à l'égard de ses adversaires ?

5. Pourquoi enlève-t-il sa bague ? Qu'en fait-il ?

6. En ce jour de mariage, où se situe vraiment la fête ? Combien de lignes sont consacrées à la partie de jeu de paume ? Et combien à la cérémonie de mariage ? Le comportement de M. Alphonse, au matin de ses noces, est-il dans la logique du portrait qui a été fait de lui auparavant ?

Un mariage provincial

7. À quel moment M. Alphonse se rend-il compte qu'il a oublié la bague destinée à sa fiancée ? Pour quelles raisons n'envoie-t-il pas quelqu'un la chercher comme

le lui suggère le narrateur ? D'où provient la seconde bague (celle que reçoit la jeune mariée) ? À quel moment du récit en a-t-il déjà été question ?

8. « Je souffrais pour la mariée », dit le narrateur. Pourquoi ? Pour quelles raisons ne participe-t-il pas, lui non plus, à la gaieté générale ?

9. À quoi s'occupent les invités entre le déjeuner et le souper ? Pendant le souper, comment se comportent respectivement les jeunes mariés ? et les autres convives ?

L'inquiétude du marié
10. Relevez les expressions qui soulignent le malaise du marié. Pourquoi est-il inquiet ? Précisez votre réponse à l'aide d'exemples tirés du texte.

11. Le narrateur, à la demande de M. Alphonse, se dispose à aller voir la statue. Pourquoi, tout à coup, change-t-il d'avis ? Citez trois raisons.

Minuit, l'heure du crime (l. 969 à 1216)

Un narrateur bien rationnel
1. Le narrateur va se coucher. Il entend différents bruits. Lesquels ? À quoi les attribue-t-il ?

2. Au petit jour, l'attention du narrateur est de nouveau attirée par des bruits divers : lesquels a-t-il déjà entendus la veille ? Quels nouveaux bruits s'y ajoutent ? Quelle hypothèse formule le narrateur sur la cause de ces bruits ?

3. Qui, selon le narrateur, pourrait être l'instigateur de l'assassinat de M. Alphonse ? Quels indices trouve-t-il en faveur de cette hypothèse ?

Le fantastique entre en scène...

4. Le narrateur juge finalement ces indices peu concluants. Pourquoi ? Comment la preuve de l'innocence de l'Espagnol se trouve-t-elle faite ?

5. Relevez dans le récit de Mme Alphonse trois « faits » surprenants qui pourraient expliquer les trois constatations établies par le narrateur dans les lignes 1041 à 1079.

6. Quel objet, malgré son importance dans l'histoire, semble ne pas retenir sur le moment l'attention du narrateur ? Pourquoi demande-t-il au domestique si M. Alphonse portait sa bague de diamants lorsqu'il l'a vu pour la dernière fois ? Cherchez depuis le début du texte tous les passages où il est fait mention de la bague. Dans quel épisode son rôle pourrait-il être considéré comme déterminant ? Dans quelle mesure le fantastique l'emporte-t-il alors sur le vraisemblable ?

... et la raison vacille

7. Recherchez depuis le début du texte les explications plausibles données par le narrateur (épisodes de la pierre « renvoyée » par la statue, et de la bague retenue à son doigt). Comment le doute est-il cependant entretenu ?

8. Quels sentiments successifs le narrateur éprouve-t-il quand M. Alphonse lui apprend que la Vénus ne veut pas lui rendre la bague ? quand il questionne le domestique ?

9. Montrez qu'aucune explication rationnelle ne peut finalement être retenue par le narrateur pour expliquer la mort de M. Alphonse. Mais pourquoi l'interprétation

irrationnelle (une statue meurtrière) n'est-elle pas totalement convaincante non plus ?

10. Pour quelle raison, à votre avis, Mérimée a-t-il jugé bon d'ajouter un post-scriptum à cette histoire ? L'opinion du narrateur y est-elle exprimée clairement ? Pourquoi ? En quoi le dernier détail (l. 1215-1216) relance-t-il le récit ?

Documentation thématique

Défense et dégradation des monuments historiques

Une nouvelle science : l'archéologie

Le mot « archéologie » vient du grec *arkhaios* qui signifie ancien. En 1863, le dictionnaire Littré la définit comme la « connaissance, l'étude de l'Antiquité ». Elle est aujourd'hui reconnue comme une véritable science qui étudie les civilisations passées à partir des objets ou des monuments qu'elles ont produits, et grâce à des techniques bien particulières (fouilles, analyse des sols, des objets découverts, etc.).

Bien que l'archéologie soit vraisemblablement née il y a fort longtemps (au IVe siècle av. J.-C.), elle ne commence toutefois à s'épanouir en Europe qu'à partir de la Renaissance, pour prendre son essor au XVIIIe siècle. À cette époque, on fouille Pompéi et Herculanum, deux villes d'Italie ensevelies après l'éruption du Vésuve en 79 apr. J.-C. Par ailleurs, de véritables recherches sont entreprises en Grèce. Mais le domaine de l'archéologie est encore limité aux Antiquités grecque et romaine.

Au XIXe siècle les recherches s'étendent à d'autres pays. L'égyptologie, en particulier, se développe à la suite de l'expédition de Bonaparte en Égypte (1798-1801) : les missions se succèdent alors et des collections se constituent. L'intérêt pour ce pays ne tarira plus, il ira même croissant à partir de 1822, date à laquelle

Champollion parvient à déchiffrer les hiéroglyphes.

Puis c'est au tour de l'Orient de retenir l'attention des archéologues. Ils découvrent les grands sites de la Mésopotamie, région du Moyen-Orient (aujourd'hui en Iraq et, pour une petite part, en Iran) où s'est développé un important foyer de civilisation entre le VIe et le Ier millénaire av. J.-C. En même temps les sites de Mycènes et de Cnossos sont mis au jour en Grèce. Ils permettent de remonter aux origines de la civilisation grecque telle qu'elle est décrite dans les poèmes d'Homère. C'est également à cette période que le Français Boucher de Perthes (1788-1868) se penche sur l'étude des origines de l'homme et, parmi les premiers, il affirme l'existence de l'homme « préhistorique ».

Savants mesurant le Sphinx
pendant la campagne d'Égypte (1798-1801).
Gravure anonyme.

83

L'archéologie est devenue une science officielle : des écoles, des instituts, des universités sont alors ouverts, et les méthodes d'investigation, les techniques se renouvellent peu à peu. Certes, sur les lieux de fouilles (en particulier à l'étranger) les archéologues ne disposent pas d'un matériel très performant et ne parviennent pas toujours à sauvegarder les antiquités.

Les monuments antiques ne sont pas encore entourés d'autant de respect qu'au XXe siècle et les actes de vandalisme sont fréquents à l'époque : Mérimée évoque avec humour cette pratique quand il montre un « polisson » qui lance une pierre sur la statue... laquelle la lui renvoie aussitôt : « Encore un Vandale puni par Vénus ! Puissent tous les destructeurs de nos vieux monuments avoir ainsi la tête cassée ! » (l. 342 à 344).

Les vandales au XIXe siècle

Origine du mot

Comme les Goths, les Vandales sont originaires de Germanie, l'actuelle Allemagne. Vers le milieu du Ier siècle apr. J.-C., ils occupent les bords de la mer Baltique, dans une région de l'actuelle Pologne. À partir du IIe siècle, ils se déplacent vers le sud. Vers 400, à la suite des Huns, ils franchissent le Rhin et ravagent la Gaule, puis l'Espagne, laissant, semble-t-il, leur nom à la province d'Andalousie, la « Vandalousie », avant d'établir leur domination en Afrique du Nord. Mais leur empire s'effondre rapidement après la mort de leur chef Genséric, en 477. Leur fureur de destruction est restée légendaire : en témoignent les noms de « vandale » et de « vandalisme » que nous leur devons.

Un vandalisme primaire

Le simple goût de la destruction motive lapidations de statues et bris d'objets précieux. D'où la nécessité d'une action éducative sur les enfants qui, « faute d'exercices gymnastiques prescrits administrativement, [...] s'en créent comme ils peuvent ». Dans cette note de juillet 1846, Mérimée préconise amende et fessée à l'encontre des jeunes vandales !

Les adultes qui dégradent les monuments agissent, quant à eux, pour des raisons souvent bassement utilitaires : c'est un moyen pratique pour se loger, installer un hangar, une boutique, une cave, voire une basse-cour... En 1800, un industriel rachète dans les Yvelines le château de Marly-le-Roi, qui datait de Louis XIV. Dans un premier temps, il le transforme en fabrique (de coton et de drap) où il emploie 350 ouvriers. Mais, accablé de dettes, il démolit le château en 1806 pour récupérer et revendre les matériaux... Municipalités et clergé voient cela, bien souvent, d'un œil indifférent, ce qui exaspère Mérimée. Celui-ci raconte d'ailleurs une anecdote du même ordre dans sa correspondance du 18 juillet 1841. Alors qu'il vient juste de découvrir dans un château de la Creuse les tapisseries, aujourd'hui célèbres, de *la Dame à la licorne* (elles ont depuis été transférées à Paris, au musée de Cluny), il apprend la disparition d'autres tapisseries... découpées par l'ancien propriétaire « pour en couvrir des charrettes et en faire des tapis » !

Un vandalisme institutionnalisé

Le gouvernement, de son côté, fait preuve d'un sens pratique étonnant : on loge des prisonniers dans l'abbaye

La Dame à la licorne (détail) : « la Vue ».
Tapisserie de la fin du XVᵉ siècle.
Musée de Cluny, Paris.

du Mont-Saint-Michel et dans celle de Fontevrault (Maine-et-Loire). Et, à propos du couvent de Saint-Savinien, en Charente-Maritime, Mérimée rédige cette note en juillet 1840 : « Il est question de détruire quelques jolies sculptures qui restent encore parce que messieurs les criminels peuvent s'en servir pour grimper et prendre le large. »

Les travaux de modernisation des villes obéissent aux mêmes principes radicaux : pour percer des voies publiques en ligne droite ou pour élargir les rues et les places, on rase tout ce qui gêne, aussi bien en province qu'à Paris.

Quant aux efforts de restauration, ils se révèlent souvent plus destructeurs que les ravages exercés par le temps ou par les guerres : ils sont tour à tour l'œuvre du clergé, qui repeint et rénove à sa façon, ou celle des corps « spécialisés », officiers du génie relevant du ministère de la Guerre ou architectes locaux. Les méthodes de ces derniers sont parfois sommaires : il leur arrive par exemple de colmater brèches et fissures avec de gros emplâtres de maçonnerie... Les parties de l'édifice trop endommagées peuvent être tout simplement démolies.

Le butin des archéologues

Il ne manque pourtant pas, au XIXe siècle, d'hommes érudits passionnés d'archéologie. Ils s'avèrent toutefois meilleurs dessinateurs qu'architectes ou restaurateurs. Par ailleurs, ils s'intéressent surtout aux antiquités gréco-romaines, négligeant un peu les églises gothiques et romanes, laissées en France à l'abandon.

Plus déroutants encore sont leurs principes, ou plutôt

leur absence de principes : un de leurs soucis dominants est de s'approprier, tel un véritable butin, les objets découverts.

Ceux-ci sont parfois détournés au profit de collections particulières, comme cette momie, « héroïne » du roman de Théophile Gautier (*le Roman de la momie,* 1858). Des querelles interminables et acharnées opposent même les représentants des différents pays, Français et Britanniques notamment. Les antiquités sont en effet enlevées à leur pays d'origine et envoyées en Europe où elles contribuent à enrichir les patrimoines culturels nationaux :

— le 6 janvier 1828 une nouvelle section du musée du Louvre est ouverte au public qui peut y voir les collections égyptiennes (celles-ci seront du reste pillées en 1830 par les insurgés de la révolution de Juillet) ;

— la frise du plus célèbre temple d'Athènes, le Parthénon, est transportée en Angleterre puis exposée, à Londres, au British Museum (où elle se trouve encore aujourd'hui) ;

— cadeau du roi Méhémet-Ali à Champollion, l'obélisque de Louxor quitte l'Égypte pour venir occuper, à Paris, la place de la Concorde.

Si respectueux qu'il soit du passé et de l'Égypte, Champollion n'hésite pas à s'approprier le tombeau du pharaon Ramsès IV pour en faire sa chambre pendant toute la durée des fouilles. Mérimée lui-même ne résiste pas à la tentation : le 1er décembre 1841, il écrit de Grèce à ses collègues du ministère pour leur demander de « faire transporter en France la frise [d'un temple] sur laquelle est sculpté le combat des Amazones ».

Deux attitudes contradictoires devant l'archéologie

Un professionnel passionné

À une époque où la vogue des antiquités grecques, romaines et égyptiennes bat son plein, l'intérêt de Mérimée pour les monuments français est tout à fait original. Lui aussi se dit fasciné par l'Antiquité et un voyage de quatre mois en Grèce, en 1841, met le comble à son enthousiasme. Mais, hasard de carrière ou choix délibéré, c'est, comme il le dit lui-même, à une France « plus inconnue que la Grèce ou que l'Égypte » qu'il consacre vingt-six années de sa vie. Mettant à contribution ses talents de dessinateur et ses connaissances en histoire, il se consacre à la fois aux ruines romaines qui subsistent en France, aux églises romanes (dont il apprécie la simplicité) et aux ouvrages gothiques. Il tente tout pour les sauver et parvient à obtenir des crédits pour ce qu'il nomme « ses » monuments.

Secondé par Viollet-le-Duc (1814-1879), il commande de nombreux travaux de réfection. Célèbre pour avoir restauré plusieurs monuments du Moyen Âge et pour son génie novateur, Viollet-le-Duc s'est attiré cependant quelques critiques de la part de Mérimée, qui ne le juge pas toujours assez rigoureux dans la reconstitution historique...

Un regard ironique

Le développement d'une archéologie scientifique entraîne au XIXe siècle une curiosité grandissante pour les antiquités. Mais, pour bon nombre de contemporains de Mérimée, c'est plus un goût passager qu'un intérêt vraiment profond.

Dans son *Dictionnaire des idées reçues* (posthume, 1911), Flaubert (1821-1880) tourne en dérision cette mode, comme d'ailleurs les autres travers des hommes de son temps. Au cours de sa vie il a rassemblé en effet tout un « catalogue des opinions chic »... et superficielles qui émaillaient alors les conversations de salon.

« antiquité [...] : poncif, embêtant.
antiquités (les) : sont toujours de fabrication moderne.
érudition : la mépriser comme étant la marque d'un esprit étroit.
étymologie : rien de plus facile à trouver avec le latin et un peu de réflexion.
hiéroglyphes : ancienne langue des Égyptiens, inventée par les prêtres pour cacher leurs secrets criminels.
— Et dire qu'il y a des gens qui les comprennent !
— Après tout, c'est peut-être une blague !
latin : langue naturelle à l'homme. [...] — Est seulement utile pour lire les inscriptions des fontaines publiques.
— Se méfier des citations en latin ; elles cachent toujours quelque chose de leste [indécent, grivois].
savants : les blaguer. — Pour être savant, il ne faut pas que de la mémoire et du travail. »

Au cœur du fantastique : une question

Une question sans réponse

« Qu'est-ce que c'est ? » : cette question est une des clés d'un certain type de récits fantastiques et c'est avec elle que se noue véritablement l'intrigue de *la Vénus d'Ille*. Elle suffit même à créer pour un instant un climat fantastique dans des œuvres qui par ailleurs n'appartiennent pas à ce genre, comme *Regain* de Jean Giono ou *l'Enfant et la rivière* d'Henri Bosco.

La question survient souvent à la suite d'un bruit insolite. Ainsi, dans *la Vénus d'Ille,* le coup de pioche de Jean Coll, en produisant un son métallique, provoque la question du guide. « J'entends bimm... [...] Qu'est-ce que c'est ? que je dis » (l. 59 à 61). Et d'emblée une interprétation d'ordre rationnel est proposée : « comme s'il avait tapé sur une cloche » (l. 59-60)...

L'attention du lecteur est donc déjà mobilisée par ce bruit surprenant, mais elle l'est plus encore par l'objet qui s'offre ensuite à la vue, ou plutôt par ce qu'on réussit à en apercevoir, car le moment où cet objet pourra vraiment être distingué est retardé. Soit on ne voit qu'une partie de la « chose » : « et voilà qu'il paraît une main noire... » (l. 62), soit l'obscurité en rend les contours imprécis : « à la distance où j'étais, il m'était difficile de distinguer l'attitude de la statue » (l. 306).

Les réactions

La peur naît alors de cette incertitude (« moi, la peur me prend » l. 63) et déclenche en retour une réaction pour la chasser : « je m'en vais à Monsieur, et je lui dis... » (l. 63-64).

La durée de la peur dépend ensuite de l'intention de l'auteur :

— s'il veut écrire un récit fantastique, cette peur initiale reste présente jusqu'à la fin du récit, même si on l'oublie par moments ;

— si, par contre, le récit se donne pour réaliste, une explication satisfaisante et rassurante sur l'origine du bruit sera fournie assez rapidement et dissipera la peur.

Des récits fantastiques

Une histoire d'ours

Narrateur de *Lokis* (une autre nouvelle de Mérimée), l'éminent professeur Wittembach, spécialiste de langues aussi connues que le jomaïtique, le samogitien, le haut-lituanien, etc., est reçu chez le comte Szémioth qui possède des documents rares écrits en jmoude.

Après une première soirée déjà fertile en événements insolites, le narrateur, seul dans sa chambre, est occupé à « repasser les verbes irréguliers lituaniens » quand...

J'entendis craquer des branches mortes, et il me sembla que quelque animal fort lourd essayait d'y grimper. Encore tout préoccupé des histoires d'ours que le docteur m'avait racontées, je me levai, non sans un certain émoi, et à quelques pieds de ma fenêtre, dans le feuillage de l'arbre, j'aperçus une tête humaine, éclairée en plein par la lumière de ma lampe. L'apparition ne dura qu'un instant, mais l'éclat singulier des yeux qui rencontrèrent mon regard me frappa plus que je ne saurais dire. Je fis involontairement un mouvement de corps en arrière, puis je courus à la fenêtre, et, d'un ton sévère, je demandai à l'intrus ce qu'il voulait. Cependant il descendait en toute hâte, et saisissant une grosse branche entre ses mains, il se laissa pendre, puis tomber à terre, et disparut aussitôt. Je sonnai ; un domestique entra. Je lui racontai ce qui venait de se passer.

« Monsieur le professeur se sera trompé sans doute.

— Je suis sûr de ce que je dis, repris-je. Je crains qu'il n'y ait un voleur dans le parc.

— Impossible, monsieur.

— Alors c'est donc quelqu'un de la maison ? »

Le domestique ouvrait de grands yeux sans me répondre. À la fin il me demanda si j'avais des ordres à lui donner. Je lui dis de fermer la fenêtre et je me mis au lit.

Mérimée, Lokis, 1869.

Une nuit d'angoisse

Dans *la Peur*, Maupassant (1850-1893) plonge le lecteur dans une atmosphère angoissante. Ce texte au titre révélateur montre comment l'épouvante s'empare progressivement de chacun des personnages rassemblés par une nuit glaciale dans la maison d'un garde forestier. Le narrateur, surpris par la nuit alors qu'il était parti à la chasse dans la forêt des Ardennes, vient se réfugier chez celui-ci. Deux ans auparavant, jour pour jour, ce garde forestier avait tué un braconnier... Or, à la même date, l'année précédente, le mort serait venu appeler le garde qui craint que le fantôme ne se manifeste de nouveau cette nuit-là.

Nous entrâmes. Ce fut un inoubliable tableau. Un vieux homme à cheveux blancs, à l'œil fou, le fusil chargé dans la main, nous attendait debout au milieu de la cuisine, tandis que deux grands gaillards, armés de haches, gardaient la porte. Je distinguai dans les coins sombres deux femmes à genoux, le visage caché contre le mur. [...]

Près du foyer, un vieux chien, presque aveugle et moustachu, un de ces chiens qui ressemblent à des gens qu'on connaît, dormait le nez dans ses pattes.

Au-dehors, la tempête acharnée battait la petite maison, et, par un étroit carreau, une sorte de judas placé près de la porte, je voyais soudain tout un fouillis d'arbres bousculés par le vent à la lueur de grands éclairs.

[...] Le vieux garde tout à coup fit un bond de sa chaise, saisit de nouveau son fusil, en bégayant d'une voix égarée : « Le voilà le voilà ! Je l'entends ! » Les deux femmes retombèrent à genoux dans leurs coins en se cachant le visage ; et les fils reprirent leurs haches. J'allais tenter encore de les apaiser, quand le chien endormi s'éveilla brusquement et, levant sa tête, tendant le cou, regardant vers le feu de son œil presque éteint, il poussa un de ces lugubres hurlements qui font tressaillir les voyageurs, le soir, dans la campagne. Tous les yeux se portèrent sur lui, il restait maintenant immobile, dressé sur ses pattes comme hanté d'une vision, et il se remit à hurler vers quelque chose d'invisible, d'inconnu, d'affreux sans doute, car tout son poil se hérissait. Le garde, livide, cria : « Il le sent ! il le sent ! il était là quand je l'ai tué. » Et les femmes égarées se mirent, toutes les deux, à hurler avec le chien.

Malgré moi, un grand frisson me courut entre les épaules. Cette vision de l'animal dans ce lieu, à cette heure, au milieu de ces gens éperdus, était effrayante à voir.

Alors, pendant une heure, le chien hurla sans bouger ; il hurla comme dans l'angoisse d'un rêve ; et la peur, l'épouvantable peur entrait en moi ; la peur de quoi ? Le sais-je ? C'était la peur, voilà tout.

Nous restions immobiles, livides, dans l'attente d'un événement affreux, l'oreille tendue, le cœur battant, bouleversés au moindre bruit.

Maupassant, la Peur, 1882.

De gentilles petites souris...

Romancier italien et auteur de nouvelles fantastiques, Dino Buzzati (1906-1972) décrit dans *les Souris* un bruit d'abord anodin, s'amplifiant peu à peu jusqu'à devenir insupportable. Le narrateur qui rapporte ces faits étranges avait l'habitude d'aller en vacances, chaque année, chez ses amis Corio, dans leur vieille maison de campagne. Mais, depuis quelque temps, il n'a plus de nouvelles d'eux et ne parvient pas à les contacter. Que sont-ils donc devenus ?

Pour tenter de résoudre cette énigme, il rassemble ses souvenirs... et se rappelle alors les vacances passées autrefois avec eux : un jour en particulier, il avait été surpris par le bruit furtif d'une minuscule souris traversant la pièce. L'été suivant, ils jouaient tous ensemble aux cartes quand ils avaient été interrompus par un « clac » sonore. Inquiet, le narrateur avait demandé : « Qu'est-ce que c'est ? »... D'autres souris, sans doute... Aussi ne s'était-il pas étonné, un an après, de voir chez les Corio deux chats splendides et « pleins de vigueur ». Un peu plus tard cependant, ils n'étaient plus que l'ombre d'eux-mêmes et avaient disparu l'année suivante. Giovanni Corio voulut rassurer son ami et lui certifia que la maison était débarrassée de ses souris. Pourtant, un tel branle-bas se fit entendre cette nuit-là que le narrateur ne put s'endormir. Le lendemain matin, Giorgio (le fils de Giovanni) lui expliqua :

« N'écoute pas papa. [...] Tu as bel et bien entendu des rats, parfois nous n'arrivons pas à nous endormir, nous non plus. Si tu les voyais, ce sont des monstres, oui : noirs comme du charbon, les poils aussi drus que des branches... Et si tu veux le savoir, les chats : eh bien, ce sont eux qui les ont fait disparaître... C'est arrivé pendant la nuit. On dormait depuis un bon bout de temps quand, soudain, des miaulements épouvantables nous ont réveillés. Il y avait un vrai sabbat dans le salon ! On a tous sauté du lit, mais on n'a plus trouvé nos chats... Rien que des touffes de poils... des traces de sang un peu partout.

— Vous ne faites donc rien ? Les souricières ? Le poison ? Je ne comprends pas que ton père ne s'occupe pas de...

— Si ! C'est même devenu son cauchemar. Mais il a peur maintenant, lui aussi. Il prétend qu'il vaut mieux ne pas les provoquer, que ce serait pis encore. Il dit que cela ne servirait à rien d'ailleurs, qu'ils sont trop nombreux désormais... Il dit que la seule chose à faire serait de mettre le feu à la baraque... Et puis, et puis tu sais ce qu'il dit ? C'est peut-être idiot, mais il dit qu'il vaut mieux ne pas se mettre trop ouvertement contre eux...

— Contre qui ?

— Contre eux, les rats. Il dit qu'un jour ou l'autre, quand ils seront encore plus nombreux, ils pourraient bien se venger... Je me demande, des fois, si papa n'est pas en train de devenir un peu fou. Est-ce que tu penses qu'un soir je l'ai surpris en train de jeter une grosse saucisse dans la cave ? Un amuse-gueule pour les chères petites bêtes ! Il les déteste mais il les craint. Et il ne veut pas les contrarier. »

Cela dura des années. Jusqu'à l'été dernier où j'attendis en vain que la sarabande habituelle se déchaînât au-dessus de ma tête. Le silence, enfin. Une grande paix. Rien que la voix des grillons dans le jardin.

Le lendemain matin, je rencontrai Giorgio dans l'escalier.

« Mes compliments, lui dis-je. Et comment êtes-vous parvenus à vous en débarrasser ? Cette nuit, il n'y avait pas le moindre souriceau dans tout le grenier. »

Giorgio me regarde, avec un sourire incertain. Puis : « Viens donc, viens donc, fait-il. Viens donc voir un peu... »

Dino Buzzati, *les Souris*, nouvelle parue dans *l'Écroulement de la Baliverna*, Robert Laffont, 1960. Traduit de l'italien par Michel Breitman.

Un moment de fantastique

Sur un plateau de haute Provence

Écrivain connu pour ses textes consacrés à la nature et à la paix, Jean Giono (1895-1970) appartient plutôt à la lignée des écrivains réalistes. Pourtant, il introduit parfois au cœur de certains romans un climat momentanément étrange et angoissant.

Dans *Regain,* il raconte la renaissance d'un village de haute Provence promis à l'abandon. Gédémus, rémouleur ambulant, et Arsule, sa compagne, proposent leurs services ici et là. Mais, entre deux hameaux, ils doivent traverser un paysage désertique.

Une grande mer toute sombre avec une houle de genévriers. Des genévriers, des genévriers. De larges corbeaux muets jaillissent de l'herbe et le vent les emporte. [...]

« Et ça, là-bas, qu'est-ce que c'est ?

— Où ?

— Ça, là-bas, droit dans l'herbe et tout noir, avec des bras, on dirait ? » [...]

Vers midi, on s'arrête pour casser la croûte. [...]

Elle regarde et, tout d'un coup, elle fait : oh ! oh ! deux fois et elle reste comme ça, la bouche ouverte avec du pain et de l'ail plein la lèvre.

« Quoi ? »

Les yeux d'Arsule sont grands et blancs :

« Là ! »

Et elle dresse un peu son doigt.

« Eh bien ! quoi, là !

— Ça a fait : hop ! ça a monté au-dessus de l'herbe un moment, puis, hop, ça s'est baissé.

— Quoi ça a fait hop, quoi ? »

Gédémus reste avec du saucisson à la main.

« L'arbre !

— L'arbre ? Tu es un peu malade ?

— Oui, l'arbre. Ce qu'on voit depuis ce matin. Cette chose noire avec tantôt une branche de ce côté, tantôt une branche de là. Cette chose que je t'ai dit trois ou quatre fois : "Qu'est-ce que c'est ?" et que tu as dit : "C'est un arbre, marche." C'est là encore. Ça a fait : hop ! »

Au crépuscule, ils s'arrêtent dans une grange abandonnée et s'endorment.

Il était venu un vent de nuit de forte haleine ; il galopait bride abattue à travers tout le plateau, il avait un long gémissement comme pour boire tout le ciel. La gineste craquait sous ses pieds, les genévriers écrasés criaient ; les figuiers griffaient les murs et leurs grandes souches grondaient dans la terre sous les pierres. Il y avait tous ces bruits, mais ce n'était pas ça qui les avait réveillés : c'était le bruit d'un pas et d'un claquement d'étoffe :

« Tu entends ?

— Oui, souffle Arsule.

— Ne bouge pas. »

C'est à côté. Ça tâte les murs. Une pierre tombe.

« Ne bouge pas », répète doucement Gédémus à Arsule qui ne bouge pas.

Ça passe à travers le fouillis des figuiers. On s'arrête pour décrocher l'étoffe. Puis le pas. Ils sont serrés l'un contre l'autre. Ils ne bougent pas. Il ne faut pas que la paille craque. Par leur bouche grande ouverte, ils font passer de longs morceaux de leur respiration, doucement, longuement, sans bruit. Il faut qu'ils soient là, dans le milieu de l'ombre, muets, immobiles, comme de l'ombre. Il le faut. Ce n'est plus pour rire. Et, tout d'un coup, il le faut tellement qu'ils arrêtent leur souffle.

Une ombre a éteint la barre d'argent qui luit sous la porte. Ça y est. C'est du bon cette fois, c'est là devant. Un bruit de rien frôle la porte, tâte le bois. Il semble que c'est une main qui s'appuie sur le vantail pour voir si c'est fermé. C'est fermé. La grosse pierre qui tient fermé a un peu bougé. Elle a grincé.

Jean Giono, Regain, Grasset, 1930.

Qu'est-ce que c'est ? Le lecteur le devine peu à peu et comprend que ce climat est en fait au service de l'intrigue amoureuse.

Pagnol a su rendre l'atmosphère de ce passage dans le film qu'il fit en 1936 à partir de cette œuvre.

Un monstre ?

Dans le roman d'Henri Bosco (1888-1976) *l'Enfant et la rivière,* l'épisode « fantastique » ne modifie pas vraiment l'ensemble de l'intrigue : c'est une péripétie de plus qui nourrit l'imaginaire enfantin. Pascalet et son ami Gatzo, fuyant les adultes, vivent des moments inoubliables sur l'eau et dans les îlots qui bordent la rivière.

Le soir, on allait à l'affût, près de la source.

« Attendons la nuit, Pascalet, disait Gatzo. On verra les bêtes sauvages. C'est la nuit qu'elles viennent boire. J'ai relevé des griffes... »

Il me les montra. Ces griffes nous troublaient beaucoup, l'un et l'autre. Mais la bête ne vint pas. Du moins on crut l'apercevoir au milieu de la lande. Elle nous parut énorme. On se tint coi.

« Je n'ai pas rêvé, Pascalet, affirma Gatzo. J'ai entendu son pas.

— Et moi, Gatzo, j'ai vu remuer ses oreilles. »

Nous ne nous mentions plus, cette nuit-là. Certes, on y voyait mal ; mais il est certain qu'une forme se montra, assez loin de nous, au milieu de la lande. Elle apparut et disparut mystérieusement.

Si je n'avais pas vu réellement remuer ses oreilles, comme je l'affirmais, du moins croyais-je l'avoir vu, ce qui me permit d'ajouter, en matière de conclusion :

« Gatzo, cette bête est un monstre. »

Une fois revenus dans notre barque, nous en discutâmes longtemps. Le monstre prit corps. On lui fit des pattes, une queue terrible. Pourquoi une queue ? Je ne sais. Peut-être à cause des lions, des tigres... Car c'était forcément un carnassier. [...]

« C'est un Racal, affirma Gatzo. On l'appellera un Racal. Il y a du Racal dans le pays. Tu as vu un Racal... Rien de plus simple... »

... Rien, en effet, n'était plus simple. Cette bête était un Racal, et même un énorme Racal, de la taille d'un âne ; un Racal dangereux, par conséquent. [...]

Et nous en restions pantelants de plaisir et d'effroi...
« Gatzo ! déclarai-je, exalté par la grandeur de l'aventure, il faut retourner à l'affût. »

Henri Bosco, *l'Enfant et la rivière*, Gallimard, 1956.

Le mystère est dissipé assez rapidement : ce Racal n'était qu'un... On retrouve également une ambiance fantastique dans *Jeu,* une des nouvelles du recueil *Bizarre ! Bizarre !* (édition française, 1962) de Roald Dahl (né en 1916) : un enfant solitaire voit des charbons ardents et d'horribles serpents jaillir des couleurs d'un tapis.

La peur : un plaisir ?

La question initiale « qu'est-ce que c'est ? » peut donc engendrer toute une gamme de peurs : la terreur ou l'angoisse qui caractérisent le récit proprement fantastique, le malaise, l'inquiétude et même le simple plaisir de se faire peur en jouant avec les mots. La poésie n'est pas loin...

ÇA BOUGEAIT

Brusquement saute
une grenouille ? un arbre ? une montagne ?
simplement une colline ?
l'arbre bondit le ruisseau court
la route se déploie
le blé ondoie
les cailloux roulent ou s'envolent
les forêts font des cabrioles
les marais les étangs bouillonnent
un saule qui pleurait éclate

de rire et se dilate
la falaise se remue se gratte
et brusquement
l'homme paraît alors tout s'arrête
tout s'est immobilisé sauf
parfois un tremblement nerveux, involontaire
une branche qui tombe sur une tête
un rocher qui dévale une pente
ou bien un simple tremblement de terre.

Raymond Queneau (1903-1976),
Battre la campagne, Gallimard, 1968.

Annexes

Les sources de l'œuvre

Une légende bien connue

Le sujet de cette nouvelle peut sembler original pour le lecteur du XXᵉ siècle ; en réalité, la légende dont s'est inspiré Mérimée était bien connue depuis le Moyen Âge et figurait dans nombre d'ouvrages : « L'idée de ce conte m'est venue en lisant une légende du Moyen Âge rapportée par Freher. J'ai pris aussi quelques traits à Lucien qui, dans son *Philopseudès,* parle d'une statue qui rossait les gens » (lettre à Éloi Johanneau, 11 novembre 1847, *Correspondance générale,* tome V).

Mais il cite aussi d'autres sources, dont bien des critiques ont mis l'existence en doute : par exemple, un certain Pontanus, « mais il y a si longtemps de cela que je ne sais plus trop ce que c'est que Pontanus » (*Correspondance générale,* t. VI, 10 août 1851). On a en effet recensé plus de quinze chroniqueurs, compilateurs, etc., du nom de Pontanus entre le XIVᵉ et le XVIIᵉ siècle...

Par contre, Mérimée connaissait peut-être cette chronique latine de Hermann Corner (XIᵉ siècle) rapportée par le professeur Villemain au XIXᵉ siècle :

On racontait, par exemple, vers le temps dont nous parlons, qu'un jeune Romain noble et riche, marié depuis peu, étant allé s'ébattre avec quelques amis sur la vaste place du Colisée, au moment de faire une partie de balle, avait ôté de son doigt l'anneau nuptial et l'avait mis au doigt d'une statue de Vénus. Le jeu fini, quand il vint pour reprendre son anneau, il trouva le doigt de marbre de la statue recourbé jusqu'à la paume de la main, et il ne put, malgré tous ses efforts, ni le briser, ni retirer la bague. Il ne dit mot à ses amis et s'en alla fort pensif, mais il revint la nuit avec un valet. Le doigt de la statue s'était redressé et étendu, mais plus de bague. Rentré dans sa maison et couché près de sa jeune épouse, il sentit entre elle et lui quelque obstacle palpable, mais invisible, et comme il voulait passer outre, une voix lui dit : « C'est à moi qu'il faut t'unir, c'est moi que tu as épousée ; je suis Vénus ; c'est à mon doigt que tu as mis l'anneau nuptial ; je ne te le rendrai pas. »

Villemain, *Histoire de Grégoire VII*, tome I, 1873 (posthume).

Il n'y a donc pas une seule source mais certainement plusieurs à *la Vénus d'Ille*. Il est toutefois sûr qu'il n'y avait pas de statue de Vénus à Ille : « La Vénus d'Ille n'a jamais existé, les inscriptions ont été fabriquées *secundum artem...* », c'est-à-dire, à la manière de... (lettre à É. Johanneau, déjà citée).

Souvenirs de voyages

À ses souvenirs de lecture, Mérimée mêle des souvenirs de ses tournées d'inspection à travers la France.

Il semble en particulier avoir été très impressionné lors d'un voyage dans l'ouest de la France par une statue appelée « la Vénus de Quinipily » (que l'on peut encore voir à Baud, près de Carnac, dans le Morbihan) et par les anecdotes qui couraient à son sujet. Il la décrit longuement dans ses notes de voyage : « La Vénus est taillée dans un seul bloc de granit. [...] Sa hauteur est de six pieds et demi à peu près. [...] Le granit est noirâtre. [...] C'est probablement à cause de sa couleur qu'on donne à cette statue le nom de [...] Femme de fer. Elle est debout, les bras croisés sur la poitrine... Les yeux sont grands et inclinés vers l'angle externe. » Cette statue porte des inscriptions étranges et Mérimée, comme le narrateur de *la Vénus d'Ille*, est monté sur le piédestal pour les observer.

La Vénus de Quinipily faisait par ailleurs l'objet d'un culte populaire qui inquiétait les autorités ecclésiastiques de la

La Vénus de Quinipily.
Baud, Morbihan.

106

région. Elles voulurent s'en débarrasser à diverses reprises, en essayant notamment de la jeter dans la rivière, mais sans succès ; alors « l'évêque voulut la faire mettre en pièces. Mais les ouvriers qu'il envoya prirent peur et, après avoir entamé un bras et un sein de la statue, se bornèrent à la déposer de nouveau dans la rivière » (*Guide noir de la Bretagne,* Tchou, 1966).

Mérimée avait pu voir d'autres Vénus dans le sud de la France (mais pas dans le Roussillon). Une sculpture surtout attira son attention au musée des Augustins à Toulouse : c'était une tête de marbre noir dont le blanc des yeux était incrusté d'agate. De plus, en 1834, un voyage dans le Midi lui avait fourni plusieurs occasions de rencontrer des érudits passionnés d'archéologie, dont Jaubert de Passa (« archéologue distingué, aussi érudit qu'obligeant ») et Pierre Puiggari, auteur d'essais sur l'étymologie phénicienne des noms de la région, avec qui Mérimée était en désaccord. Le personnage de M. de Peyrehorade doit sans doute beaucoup à ces deux savants : « J'ai entrelacé mon plagiat de petites allusions à des amis à moi, et de plaisanteries intelligibles dans une coterie où je vivais lorsque cette nouvelle a été écrite » (lettre déjà citée à É. Johanneau).

Ce séjour dans le Sud et en particulier dans la région de Perpignan lui a ainsi fourni tous les détails nécessaires au décor et au pittoresque de *la Vénus d'Ille*. Mérimée a en effet pu visiter Ille-sur-Têt, Bouleternère (orthographié « Boulternère » dans le texte), le prieuré de Serrabone et semble avoir été autant séduit par le Canigou que par les « jolies Catalanes » (*Correspondance générale,* t. II). L'originalité du conte tient d'ailleurs moins au sujet qu'à l'habileté de Mérimée à créer un récit fantastique dans un cadre réaliste nourri de ses souvenirs et de ses observations.

Anatomie
d'un conte fantastique

« Avez-vous lu une histoire de revenants que j'ai faite et qui s'appelle *la Vénus d'Ille* ? C'est suivant moi, un chef-d'œuvre » : tel est, dans une lettre du 18 février 1857 à Mme de La Rochejaquelein, le jugement que porte Mérimée sur son récit, quelque vingt ans après l'avoir écrit. Les critiques, de façon quasi unanime, semblent partager cette opinion, que Pierre-Georges Castex résume ainsi : « son génie de conteur semble parvenu dans *la Vénus d'Ille* à son plus haut degré de maîtrise » (*le Conte fantastique en France*, 1951).

Cette réussite tient sans doute à la parfaite maîtrise de deux techniques narratives propres au genre du conte fantastique : le souci de vraisemblance et la mise en place progressive de faits inexplicables. Ces techniques sont d'autant plus efficaces dans ce récit que la concision (condition importante du suspense) en intensifie les effets tandis que l'humour détend heureusement çà et là l'atmosphère.

Comment faire vraisemblable ?

La crédibilité du récit est indispensable pour entraîner l'adhésion du lecteur à l'histoire qui va être racontée. Aussi des éléments de vraisemblance sont-ils mis en place dès les premières pages.

Il importe d'abord, comme le dit Mérimée lui-même dans son article sur Gogol (paru dans *la Revue des Deux Mondes* du 15 novembre 1851), de « multiplier les détails de réalité matérielle », tant pour présenter les personnages que pour dépeindre le cadre et les coutumes locales... Enfin, cette

« réalité » sera d'autant plus crédible qu'elle est cautionnée par un narrateur qui offre toutes les garanties de sérieux.

La réalité sous toutes ses facettes

Même si les personnages sont esquissés à grands traits, ceux-ci, habilement choisis, leur confèrent une vie et une présence certaines. Tous sont dotés de signes particuliers : le guide catalan est caractérisé par son parler populaire et sa naïveté, M. de Peyrehorade par ses manies qui le rendent à la fois sympathique et agaçant, M. Alphonse par sa futilité et son apparence moitié paysanne, moitié dandy.

La situation historique où évoluent les personnages est, elle aussi, évoquée avec soin. La présence à la mairie du buste de Louis-Philippe (l. 92) et l'allusion à la Charte (l. 698) font en effet référence de manière explicite au contexte politique. Des précisions vestimentaires ancrent le récit dans une époque déterminée et lui donnent la densité du réel : jabot plissé du marié, dandy de province (l. 749), bonnet et chapeau à plumes de la mariée (l. 838-839), visage poudré et bas de soie de M. de Peyrehorade (l. 122 et 244).

L'action se déroule par ailleurs dans un décor géographiquement situé : le Roussillon. Presque tous les noms cités correspondent en effet à des lieux qui existent toujours : le Canigou, Ille, Serrabone, Prades, Collioure (voir carte p. 28). Avec une feinte négligence, l'auteur émaille le récit de notations pittoresques, nous rappelant que nous sommes en pays catalan. Lors du premier dîner, on sert au narrateur des gâteaux de farine de maïs, les « milliasses » (que Mérimée orthographie avec un seul « l », mais qu'on écrit aussi « millas », peut-être du nom de la ville de Millas, proche d'Ille-sur-Têt), et, au petit déjeuner, une tasse de chocolat de Barcelone, « vraie contrebande » précise M. de Peyrehorade (l. 357) qui, comme ses compatriotes, préfère recourir à cette « pratique » usuelle au XIXe siècle (voir *Carmen*) plutôt que d'avoir à payer des droits de douane élevés. Incidemment sont mentionnés un chant catalan populaire, *Montagnes régalades* (Montagnes royales), ou, arbre typique de cette région, un micocoulier (alors que dans la première version, Mérimée avait employé le terme de « platane »). Le choix du jeu de paume, dont le terrain occupe une position stratégique tant par sa localisation par rapport à la statue (l. 300 à 303) que par les événements dont il sera le théâtre, n'est pas non plus indifférent à la région : très pratiqué dans tout le Sud-Ouest, le jeu de paume constitue presque le sport national des Catalans.

La présence tout au long du récit de notations chiffrées relève aussi de ce parti pris de vraisemblance : chaque événement est strictement situé dans le temps, le récit progresse au rythme du balancier (ou de la cloche de l'église) et trouve son dénouement entre minuit et le chant du coq, vers cinq heures du matin. Mérimée ne fait grâce au lecteur d'aucune précision temporelle et détaille même, presque heure par heure, l'emploi du temps des divers personnages au matin des noces : « dès huit heures » (l. 712), « vers neuf heures » (l. 720), « il n'était que neuf heures et demie » (l. 739), etc.

Multiplication également des indications métriques : sont en particulier mentionnées la hauteur de la statue, « six pieds environ » (l. 308) ; la distance entre la maison et la statue, « une vingtaine de toises » (l. 299-300) ; la longueur du lit, « sept pieds », et sa largeur, « six pieds » (l. 284) ; la taille enfin de l'Aragonais, « haut de six pieds » (l. 762).

On apprend jusqu'au prix de certains objets : « il y a là pour douze cents francs de diamants » (l. 622-623), explique M. Alphonse en montrant au narrateur la bague qu'il destine à sa future épouse. Les yeux de la statue sont mesurés à la même aune par les deux polissons : « il y a pour plus de cent sous d'argent » (l. 327). Ces nombres, ainsi que les diverses occurrences de la réalité quotidienne et locale, rappellent sans cesse au lecteur qu'il se trouve dans un univers rationnel et familier.

Un narrateur garant de la « vérité »

L'histoire est présentée comme ayant été vécue par un personnage qui parle à la première personne : « Je descendais le dernier coteau du Canigou... » (l. 1). Cependant, ce narrateur n'est pas impliqué affectivement dans l'histoire qui va suivre. Il est de passage, « pour visiter les environs d'Ille », et ne connaissait pas auparavant ses hôtes, auxquels il a été recommandé par un ami. Aucune raison par conséquent de le soupçonner de partialité, ce qui crée une illusion d'objectivité.

Il exerce d'ailleurs (et souvent avec ironie) son esprit critique sur les personnes rencontrées et sur les divers événements du récit. Dès les premières pages, il porte un regard amusé sur la naïveté du guide qui compare la Vénus au buste « en plâtre peint » de Louis-Philippe (l. 92-93) et qui lui trouve un caractère méchant (l. 95). Plus loin, le comportement de M. Alphonse provoque sa désapprobation (« je fus profondément choqué », l. 605) à la suite d'une discussion où le fils de M. de Peyrehorade semblait éprouver plus d'intérêt pour ses chevaux et la dot de sa future épouse que de sentiments à l'égard de celle-ci (l. 593 à 604).

Aussi le lecteur est-il naturellement tenté de partager les jugements moraux d'un narrateur qui fait preuve à la fois de sensibilité et de bon goût, blâmant l'attitude de M. Alphonse quand celui-ci humilie son rival malchanceux au jeu de paume (l. 781 à 783) et désapprouvant les mariages de convenance (« voilà la plus honnête fille du monde livrée au Minotaure », l. 977-978) ainsi que les plaisanteries grivoises : « je souffrais pour la mariée » (l. 824-825).

Le narrateur réunit, de plus, toutes les garanties de sérieux : véritable érudit, il est capable d'estimer d'emblée la valeur de la statue (l. 382), de comprendre les inscriptions latines et de mettre en doute les interprétations de M. de Peyrehorade (« je ne pus m'empêcher de sourire », l. 450). Le lecteur comprend vite qu'il n'est pas homme à s'en laisser facilement conter. Face aux événements étranges, son esprit critique le porte tout naturellement à refuser les interprétations populaires entachées de superstitions et à chercher des explications rationnelles. Il met ainsi de son côté le lecteur averti. La statue est-elle accusée par le jeune vandale d'avoir renvoyé la pierre qu'il lui avait lancée ? « Il était évident que la pierre avait rebondi » (l. 338). Quelle est la cause de la mort brutale de M. Alphonse ? « Il ne me paraissait pas douteux que M. Alphonse n'eût été victime d'un assassinat... » (l. 1056-1057) et il se met aussitôt en quête d'indices qui pourraient lui donner raison (« des traces d'effraction », l. 1069-1070). Aussi le lecteur ne peut-il que lui faire confiance, y compris quand il ne trouve plus aucune explication rationnelle.

Bref, toutes les conditions sont habilement réunies pour que se réalise l'identification narrateur / lecteur, nécessaire pour communiquer à ce dernier le sentiment d'incertitude propre au fantastique.

Des faits inexplicables

Comme dans la plupart des contes fantastiques, le sentiment d'incertitude se focalise sur un seul objet : la statue de Vénus. Aussi ne sera-t-elle dévoilée que très progressivement, de manière à piquer la curiosité du lecteur : son existence est évoquée dès les premières lignes, mais il faut attendre plusieurs pages pour que le narrateur la découvre à son tour. L'attention de celui-ci est d'abord retenue par le récit du guide catalan puis par les propos de ses hôtes : si M. de Peyrehorade présente la Vénus comme un objet d'art hors du commun, sa femme, à l'instar du guide, la considère déjà comme une source d'ennuis. Mais le narrateur ne l'apercevra pour la première fois qu'un peu plus tard, alors qu'il s'apprête à se coucher, et ce n'est que le lendemain qu'il pourra vraiment l'approcher et juger par lui-même.

L'insolite au cœur de la réalité

La première approche de la statue, à travers la description qu'en fait le guide au narrateur, crée très vite l'ambiguïté propre à faire naître le fantastique. Aux yeux du guide et de Jean Coll, en train de déraciner un arbre mort, apparaît soudain une main noire « qui semblait la main d'un mort qui sortait de terre » (l. 62-63). L'ambiguïté syntaxique de cette proposition en rend le sens fort équivoque. Le dernier pronom relatif a en effet pour antécédent à la fois la partie (la main) et le tout (le mort) et de ce fait, on entend peut-être moins « la main (d'un mort) sortait de terre » que « un mort sortait de terre ». L'association du sujet inanimé qu'est « un mort » avec le verbe sortir, verbe de mouvement et d'action, impose ainsi, à l'insu du lecteur, la vision du mort sortant de terre.

Le guide catalan semble d'ailleurs davantage décrire un être animé qu'une simple statue. Confronté aux questions du narrateur curieux d'en savoir plus long, il livre pêle-mêle ses impressions : « une grande femme noire plus qu'à moitié nue... une idole... elle vous fixe avec ses grands yeux blancs » (l. 73 à 82). Et, par un glissement imperceptible d'un verbe à l'autre, l'inanimé s'anime : « elle vous fixe », « elle vous dévisage », « elle a l'air », « elle l'est » (l. 81 à 95).

En même temps, le passage de la voix passive à la voix active (dans l'épisode de la jambe cassée) rend la Vénus responsable de l'accident. En effet, quand le narrateur demande : « et il a été blessé ? », le guide a une réaction de colère à l'égard de la statue, mais c'est la voix passive qui est encore employée : « cassée net comme un échalas, sa pauvre jambe ! » (l. 107). L'accusation devient par contre explicite dans la bouche de Mme de Peyrehorade où les verbes cette fois sont à l'actif : « un beau chef-d'œuvre qu'elle a fait ! casser la jambe d'un homme ! » (l. 240-241).

Chaque incident auquel sera ensuite mêlée la statue va renforcer le soupçon sur son pouvoir maléfique :

— une pierre lancée contre elle par un « polisson » est renvoyée sur lui : « elle me l'a rejetée ! » (l. 336) ;

— l'inscription sur le socle, bien qu'elle reste ambiguë, n'en comporte pas moins une mise en garde : « *CAVE* » ;

— le matin des noces, quand le narrateur entreprend de dessiner « cette diabolique figure », il ne parvient pas, malgré son talent, « à en saisir l'expression » (l. 714-715) ;

— enfin, M. Alphonse déclare au narrateur le soir du mariage que la statue « a serré le doigt » (l. 939) et refuse de lui rendre la bague qu'il lui avait passée à l'annulaire parce qu'elle le gênait pour jouer.

Le mystère reste entier

Tout est ainsi mis en place pour que, malgré leur esprit critique, le narrateur et le lecteur n'écartent pas d'emblée l'hypothèse d'une statue meurtrière responsable de la mort de M. Alphonse. Cet assassinat, qui couronnerait les méfaits de la Vénus, est explicitement dénoncé par le seul témoin du drame, la jeune mariée. Mais, aux dires du procureur, elle aurait perdu la raison... Ce témoignage se trouve cependant confirmé par la déclaration d'un domestique qui rapporte la dernière phrase prononcée par M. Alphonse : « le diable l'aura emporté aussi » (l. 1170-1171). Le pronom « l' » renvoyant au narrateur, qui ou quoi d'autre le diable a-t-il emporté « aussi », hormis la statue ? Et effectivement, selon Mme Alphonse, la Vénus était à ce moment déjà dans la chambre. Comment expliquer sinon que le narrateur, le lendemain matin, ait vu la bague de diamants dans la chambre conjugale ?

Aucune preuve n'ayant pu être retenue contre l'Aragonais qui avait menacé M. Alphonse à la fin de la partie de jeu de paume, il ne reste aucune explication, à moins de retenir la version de Mme Alphonse, cohérente mais inacceptable pour le sens commun.

Le processus fantastique a donc parfaitement fonctionné : l'équilibre entre la réalité familière et le mystère a été soigneusement maintenu jusqu'au bout pour provoquer à la fois l'incertitude et l'inquiétude finales du narrateur et du lecteur. Mais cela ne suffit pas à expliquer que cette nouvelle ait été considérée comme une réussite exceptionnelle dans le genre fantastique.

Concision et humour

L'auteur ne laisse pas l'intrigue se diluer dans des analyses psychologiques ou des descriptions qui ralentiraient le rythme de l'histoire et nuiraient aux effets de surprise. Une seule phrase suffit par exemple à évoquer les cérémonies du mariage : « les deux cérémonies civile et religieuse s'accomplirent avec la pompe convenable » (l. 819-820). De même, faire arriver le narrateur à Ille après le coucher du soleil permet à l'auteur de ne pas s'étendre sur la description du paysage.

Cette concision n'est pas dénuée d'un certain humour qui contribue sans doute à la réussite du conte. Mérimée emploie volontiers un ton ironique au détriment des personnages qui prêtent à sourire. Et l'apparente désinvolture de l'auteur vis-à-vis de son propre récit n'est en fait qu'une variante de sa verve satirique, comme dans ce raccourci surprenant : « je ne parlerai pas du dîner ni de la conversation qui s'ensuivit » (l. 647-648).

Sans aucun doute, Mérimée, qui s'astreint à l'exhaustivité dans ses rapports administratifs, ne veut pas se plier à ce type de contrainte ni s'ennuyer quand il écrit une œuvre de fiction. Aussi ce ton particulier, propre à *la Vénus d'Ille,* réussit-il à la distinguer de nombreux contes fantastiques de la même époque, au sérieux souvent pesant.

Le récit fantastique au XIXᵉ siècle

Un genre littéraire difficile à définir

La Vénus d'Ille de Mérimée s'inscrit dans un genre littéraire qui a connu son essor au XIXᵉ siècle : le récit fantastique. Tout au long du siècle, les auteurs les plus divers, aussi bien par leur personnalité que par leurs œuvres, se sont essayés à ce genre : Hoffmann, Poe, Nodier, Gautier, Villiers de L'Isle-Adam, Balzac, Nerval, Lautréamont, Maupassant, Hugo, Dumas... Une telle diversité ne facilite pas les tentatives de définition, tâche que certains critiques qualifient même de gageure (voir l'article sur le fantastique dans le *Dictionnaire des littératures de langue française,* Bordas, 1984).

Le fantastique est difficile à définir parce qu'il s'apparente à des notions voisines, l'étrange, le merveilleux, l'horrible, au point que les auteurs eux-mêmes emploient parfois indifféremment l'un ou l'autre de ces termes. Mérimée affirme par exemple dans son article sur Gogol (déjà cité p. 108) que « du bizarre au merveilleux, la transition est insensible, et le lecteur se trouve en plein fantastique avant qu'il se soit aperçu que le monde réel est loin derrière lui ».

Essais de définition

À l'inverse du merveilleux qui d'emblée transporte le lecteur hors du réel (« il était une fois... »), le récit fantastique est solidement ancré dans la réalité (voir p. 108). La médiation d'un narrateur qui présente le récit comme une histoire plausible, mais surtout vécue, participe en particulier de cette

116

volonté de réalisme. Ce procédé a d'ailleurs été repris à de multiples reprises, par exemple dans *Lokis* (Mérimée, 1869), *le Horla* (Maupassant, 1887), *le Rideau cramoisi* (Barbey d'Aurevilly, 1874) ou encore dans *la Morte amoureuse* (Gautier, 1836).

Mais, dans ce monde qui ressemble à s'y méprendre à celui du lecteur, des phénomènes incompréhensibles interviennent peu à peu, qui dérangent et troublent l'ordre familier ou échappent à l'explication rationnelle. Des personnages d'autrefois sortent des tableaux ou des tapisseries (*la Cafetière,* Gautier, 1831), un verre d'eau se vide de façon inexplicable *(le Horla),* une peau de chagrin se rétrécit au fur et à mesure que les vœux de son propriétaire sont exaucés (*la Peau de chagrin,* Balzac, 1831), etc.

Aussi est-ce autour de cette coexistence du familier et de l'étrange que s'articulent les principales définitions du fantastique : Pierre-Georges Castex le caractérise « par une intrusion brutale du mystère dans le cadre de la vie réelle » (*le Conte fantastique en France,* 1951), Roger Caillois, dans la préface de son *Anthologie du fantastique* (Gallimard, 1966), parle d'« une irruption insolite dans le monde réel » et Louis Vax de « l'irruption inexplicable du surnaturel dans la nature » (*l'Art et la littérature fantastiques,* 1960).

La coexistence du vraisemblable et de l'invraisemblable ouvre la porte à deux interprétations possibles des événements. Ainsi, dans *Lokis,* on peut se demander si la vraie nature du comte Szémioth est humaine ou animale et, dans *Véra* (Villiers de L'Isle-Adam, 1874), si le désir fou du comte d'Athol rend vraiment la vie à son épouse ou s'il n'est pas plutôt victime d'une illusion. Mais ni l'explication rationnelle ni l'hypothèse surnaturelle ne s'avèrent en fin de compte entièrement convaincantes, comme le note T. Todorov : « Il y a un phénomène étrange qu'on peut expliquer de deux manières, par des types de causes naturelles et surnaturelles. La possibilité d'hésiter entre les deux crée l'effet fantastique. » L'essence du

fantastique réside pour Todorov dans l'incertitude créée par
une telle alternative : « le fantastique, c'est l'hésitation éprouvée
par un être qui ne connaît que les lois naturelles face à un
événement en apparence surnaturel » (*Introduction à la littérature
fantastique,* 1970). Aux définitions précédentes, cette analyse
ajoute l'effet que produit sur le lecteur l'ambiguïté du récit.

Des repères défaillants

La coexistence fugitive entre le monde connu et un univers
inconnu, théoriquement incompatibles, entraîne l'interpénétra-
tion momentanée de ces deux univers. L'espace d'un instant
se trouvent abolies les frontières et les catégories physiques
ou morales établies par l'homme pour se repérer dans le
labyrinthe de l'existence.

Bon nombre de contes fantastiques fonctionnent en
particulier sur le glissement de la mort à la vie et du passé
au présent. Edgar Poe a souvent eu recours à ce processus
pour bousculer tant nos catégories temporelles que les tabous
sur la mort et les superstitions. Ce procédé peut être comparé
à celui qui s'appuie sur la transgression d'interdits moraux ou
sociaux, comme dans *la Morte amoureuse* où l'interdit social et
la frontière de la mort sont tous deux repoussés : Théophile
Gautier imagine ici les amours d'un prêtre et d'une courtisane
morte, qui de surcroît se révèle être un vampire...

La Vénus d'Ille, quant à elle, joue sur un autre ressort du
fantastique qui fait appel aux croyances animistes. Le meilleur
exemple en est sans doute la statue que Mérimée met en
scène, mais on peut citer encore *la Cafetière* de Gautier, où
divers objets se mettent à bouger dans la chambre du narrateur.

Si le fantastique préside parfois à ces changements radicaux
de nature (de l'inanimé au vivant), il sait aussi opérer des
glissements plus ambigus, et, par là même, plus inquiétants.
La frontière en effet peut devenir très floue entre l'humain et

l'animal, voire entre l'homme et le diable. Barbey d'Aurevilly, dans *les Diaboliques,* présente ainsi des héroïnes aux personnalités troubles (femme-panthère, diable incarné en femme).

Et les derniers repères volent en éclats quand la confusion entre soi et autrui sème le doute sur la conscience de sa propre identité et sur l'idée même du moi : dans *William Wilson* d'Edgar Poe (1855), le narrateur se trouve dès l'enfance confronté à quelqu'un qui est né le même jour que lui, porte le même nom et lui ressemble comme un frère. Quand, excédé par cette présence, il finit par tuer ce double, celui-ci déclare : « Dorénavant tu es mort aussi... en moi tu existais... tu t'es assassiné toi-même. »

L'abolition de ces frontières, en supprimant les repères sécurisants et en bouleversant les conventions sociales et morales, crée le malaise, voire l'angoisse. Celle-ci est d'ailleurs pour certains le ressort même du fantastique : « Un conte est fantastique tout simplement si le lecteur ressent profondément un sentiment de crainte et de terreur, la présence de mondes et de puissances insolites » (Lovecraft, *Épouvante et surnaturel en littérature,* Christian Bourgois, 1969, traduction M. Bergier et F. Truchand). Edgar Poe en particulier, à la suite d'Hoffmann, excelle à créer ce climat ténébreux dans ses *Histoires extraordinaires* (1840, traduites par Baudelaire en 1856).

Mais cette angoisse est aussi intimement mêlée au plaisir de voir transgresser des catégories qui, pour être sécurisantes, n'en sont pas moins des obstacles dressés devant l'attrait de l'inconnu (et de l'interdit), devant le désir en fait « d'échapper aux limites étroites de la condition humaine » (Roger Caillois).

Un siècle positiviste...

L'intrusion du mystère dans le réel satisfait un besoin de réaction contre le rationalisme hérité du siècle des Lumières et contre le nouveau pouvoir de la science qui s'estime capable de tout expliquer et de gérer l'univers. Le fantastique se développe d'ailleurs en étroite liaison avec le romantisme, qui a érigé en théorie ce besoin de réaction.

Cependant, le rationalisme a créé de nouvelles exigences de vraisemblance chez le lecteur et l'a ainsi détourné des histoires merveilleuses qui le satisfaisaient jusqu'alors. Le récit fantastique, parce qu'il prend sa source dans la réalité, convient mieux à l'imaginaire de l'homme du XIXᵉ siècle : « Le dix-neuvième siècle vivait [...] dans une métaphysique du réel et de l'imaginaire, et la littérature fantastique n'est rien d'autre que la mauvaise conscience de ce dix-neuvième siècle positiviste » (Tzvetan Todorov, *Introduction à la littérature fantastique*).

Enfin, le fantastique offre au lecteur un univers plus complexe que celui, manichéen, du merveilleux et lui permet de passer outre les censures encore très fortes au XIXᵉ siècle, censures à la fois de la société sur l'individu et de l'individu sur lui-même. Dans le récit fantastique, les valeurs éthiques de l'univers judéo-chrétien ne sont plus aussi clairement définies : sous l'ange se cache le démon, les tabous sont transgressés, etc. Ainsi Mérimée suggère dans *Lokis* que la mère du comte Szémioth a été violée par un ours, et Barbey d'Aurevilly, dans *le Plus Bel Amour de Don Juan* (*les Diaboliques*, 1874), montre une jeune fille vierge qui se trouve enceinte pour s'être assise sur le fauteuil précédemment occupé par l'amant de sa mère !

Cet univers est à l'image d'une société qui se cherche au milieu des bouleversements politiques, économiques et sociaux. Et, chez certains auteurs, comme Maupassant, Nerval ou Lautréamont, le fantastique naît du regard de l'individu sur lui-même, expérience qui lui fait courir le risque de perdre son identité. *La Métamorphose* (1915) de Kafka (1883-1924, écrivain tchèque de langue allemande) est un exemple de cet héritage.

Et au XXe siècle ?

Faut-il suivre Todorov quand il affirme que le récit fantastique est mort, puisque les conditions historiques qui l'avaient suscité n'existent plus ? Après l'apparition de la psychanalyse et les expériences surréalistes, peut-il subsister sous la même forme ? En tant que genre littéraire, le fantastique semble délaissé dans certains pays comme la France, mais il réapparaît ponctuellement dans d'autres genres (le roman policier, la science-fiction) ou dans d'autres domaines (la bande dessinée, le cinéma). La raison en est peut-être l'avènement des politiques libérales et l'affaiblissement de l'emprise religieuse qui, en atténuant la force de la censure, rendent aussi moins vifs le désir et le besoin de transgresser les interdits. Mais ce genre est loin d'être mort en Italie, avec Buzzati (1906-1972) et Calvino (1923-1985) par exemple, ou encore en Amérique latine, où il appartient à la culture traditionnelle, avec Asturias (1899-1974), Borges (1899-1986), Cortázar (1914-1984), García Márquez (né en 1928), pour ne citer qu'eux.

Mérimée, *la Vénus d'Ille* et les critiques

L'homme

Dans l'éloge funèbre que Baudelaire fit du peintre Eugène Delacroix, il établit un parallèle significatif entre le caractère du peintre et celui de Mérimée.

C'était la même froideur apparente, légèrement affectée, le même manteau de glace recouvrant une pudique sensibilité et une ardente passion pour le bien et pour le beau ; c'était, sous la même hypocrisie d'égoïsme, le même dévouement aux amis secrets et aux idées de prédilection.

Charles Baudelaire,
l'Œuvre et la vie d'Eugène Delacroix, 1863.

Le style

Stendhal lit *la Vénus d'Ille* immédiatement après sa parution et, malgré l'amitié qui le lie à Mérimée, il émet un certain nombre de réserves quant aux qualités littéraires de ce texte.

15 mai 1837, de minuit à minuit et demi, *la Vénus d'Ille*. 1. Contours extrêmement nets et même secs. 2. Chose existante de par soi et non avec relation à des choses déjà connues (moyen de cet effet : les choses sont racontées nettement comme si l'auditeur était ignorant de tout, sans allusion aux choses déjà connues. Moins de grâce par ce système, mais toute l'attention du lecteur reste à la chose narrée). 3. Bien le cachet dramatique, l'originalité. 4. Ni profondeur, ni originalité (autre que dans la façon d'être montrés) dans les caractères. 5. Phrases horriblement courtes, style qui a l'air imité de

Cousin (probablement imitation commune des mêmes originaux de l'an 1600). 6. L'auteur tourne au sec. 7. Admirable attention aux petites choses, trait du bon romancier, et hardiesse d'appuyer sur ces petites choses. 8. Grande imprudence de l'auteur : il se moque de son instrument naturel, de son hôte de tous les jours, l'antiquaire de province. Ce conte de vingt-cinq pages va augmenter et même fonder aux yeux des purement raisonnables sa réputation de méchanceté. (Personnel, *id est*, chose dont on se moquera dans vingt ans.) Il y a un moment de sécheresse causée par vingt lignes ou peut-être dix trop savantes.

Stendhal, le Rose et le Vert (posthume) dans Romans et nouvelles
(édition d'Henri Martineau), le Divan, 1928.

Stendhal déclare aussi que Mérimée « ne touche que huit notes de son piano », lui reprochant de ne pas tirer parti de tout son talent d'écrivain. De telles négligences de style suscitent les critiques d'Henri Martineau.

Pour le surplus il faut reconnaître que le style, le fameux style de Mérimée est souvent surchargé de mots inutiles, d'expressions impropres, de tours embarrassés. Ces défauts étaient excusés par Taine qui y voyait le « sans-façon de l'homme du monde ». Rémy de Gourmont qui, de son côté, lui accordait « peu de style », et jugeait qu'il « écrit comme cela vient », ne l'en trouvait pas moins un excellent conteur. En revanche, l'abbé Henri Brémond, dans un caustique article du *Correspondant* (25 novembre 1920) lui témoignait moins d'indulgence et relevait avec malignité dans son œuvre bien des passages que nous qualifierons de négligés, pour ne pas user de termes péjoratifs.

Henri Martineau, préface aux Romans et nouvelles de Mérimée,
Gallimard, bibliothèque de la Pléiade, 1962.

Le fantastique dans les règles de l'art

Grief aussi est fait à Mérimée de sa froideur, de sa trop grande soumission aux règles du genre, et finalement de son manque de crédibilité : la peur ainsi décrite ne parviendrait pas à toucher le lecteur.

La Vénus d'Ille est le type de ces nouvelles à deux issues, et Mérimée la considérait comme son chef-d'œuvre, parce qu'il y avait consciencieusement observé toutes les règles qui constituent, en littérature, l'art de faire peur. Mais il y a, en pareil cas, quelque chose de meilleur que les recettes : c'est d'éprouver soi-même l'impression qu'on veut produire. Mérimée a vraiment trop de sang-froid, et de là vient que *la Vénus d'Ille* aujourd'hui, nous charme bien plus qu'elle nous épouvante.

Augustin Filon, Mérimée, 1898.

Une ingéniosité moins habile à créer des fictions de toutes pièces qu'à ordonner avec un art supérieur des éléments empruntés [...]
   Ce génie du conteur semble parvenu, dans *la Vénus d'Ille*, à son plus haut degré de maîtrise [...] La maîtrise de l'art : tel est donc bien le caractère le plus constant de l'œuvre de Mérimée.

Pierre-Georges Castex,
le Conte fantastique en France, J. Corti, 1951.

Symbole et mystère

Et, si l'on a toujours plaisir à lire les nouvelles de Mérimée, c'est peut-être que son œuvre est assez riche de symboles pour trouver une résonance dans l'inconscient du lecteur.

L'unité de l'œuvre, si importante, si évidente chez Mérimée, tient à la place privilégiée qu'occupe le symbole de la puissance dans chaque histoire. Un symbole par histoire : le vase étrusque, la statue, le nom de l'ours. Mettre le symbole en récit, c'est en expliciter le sens sur le mode narratif. Lui donner une place centrale, c'est créer une narration symétrique, structure obtenue par la confrontation de deux lois qui régissent l'action,

124

ainsi que par l'opposition du début et de la fin, de l'ignorance et de l'affirmation du mystère. C'est cette dualité de l'un, ces deux faces du symbole, l'une tournée vers nous et l'autre vers « cela », qui est le fondement de la nouvelle classique de Mérimée : si elle est considérée comme le modèle du genre, c'est en raison de son unité et de sa symétrie. Or, unité et symétrie ne sont que l'expression formelle du désir créateur profond : écrire de « cela ».

Antonia Fonyi, introduction à *la Vénus d'Ille
et autres nouvelles* de Mérimée,
Flammarion, 1982.

Avant ou après la lecture

Enquête sur le meurtre

1. Quelle est la responsabilité de la Vénus dans le meurtre de M. Alphonse ? Classer, sous forme de tableau, les indices qui confirmeraient cette hypothèse et ceux qui l'écarteraient.

À la recherche du fantastique

1. Classer les éléments qui contribuent à la vraisemblance du récit et ceux qui concourent à créer le climat fantastique.
2. Relire attentivement les extraits de textes cités p. 92 à 1(et repérer chaque phase de la mise en place du climat fantastique : présence d'un bruit, interprétation rationnelle, réaction, inquiétude, apparition d'un élément dans le champ visuel, question, absence de réponse satisfaisante.
3. Retrouver ces éléments de fantastique dans des bandes dessinées et dans des films.

Expression écrite

1. À la l. 264, le mot « excuses » introduit un passage au style indirect libre : réécrire ce passage en style direct.
2. Mme Alphonse fait elle-même le récit de ce qui est arrivé avant qu'elle ne s'évanouisse : « J'étais couchée... »

Rédactions

1. Le soir des noces, à la suite de la demande pressante de M. Alphonse, le narrateur, malgré la pluie, décide d'aller voir la statue. Imaginer ce qu'il découvre et les réflexions qui lui viennent à l'esprit.

2. Après son interrogatoire, le muletier aragonais raconte la scène à ses amis et leur fait part de ses impressions.

3. Faire le portrait d'un superstitieux à la manière de La Bruyère.

4. « Le ressort essentiel de Mérimée, c'est notre curiosité : il excelle à l'éveiller, à l'amuser, à l'aiguiser et finalement, malgré une précise clarté, à la décevoir en la laissant sur sa faim. » Discuter cette réflexion de Marc Blancpain (introduction aux *Nouvelles* de Mérimée, Hachette, 1953) à partir d'exemples précis tirés de *la Vénus d'Ille* et en montrant comment le fantastique naît de la confrontation de cette « précise clarté » et d'une curiosité « laissée sur sa faim ».

Travaux d'équipe

1. « Vendredi ! c'est le jour de Vénus ! » (l. 683). Chercher l'origine des autres jours de la semaine.

2. Avec l'aide du professeur d'arts plastiques... Dessiner la statue d'après les indications fournies. Transposer les séquences définies l. 712 à 789 sous la forme de vignettes de bande dessinée. Chercher à illustrer une atmosphère fantastique. Rechercher d'autres représentations de Vénus dans la sculpture et la peinture.

3. Avec l'aide du professeur de gymnastique... Rechercher l'origine ou les variantes des sports pratiqués (de la même manière qu'on peut considérer le jeu de paume comme l'ancêtre du tennis).

4. Interroger des personnes superstitieuses à l'aide d'un questionnaire établi en classe (origine de leurs croyances, craintes, objets porte-bonheur, etc.).

5. Qu'est-ce que la religion animiste ?

Bibliographie

Éditions

Correspondance générale, établie par Maurice Parturier, le Divan, 1941-1945.

Nouvelles, introduction et notes de Marc Blancpain, Hachette, collection du Flambeau, 1953.

Théâtre de Clara Gazul — Romans et nouvelles, notes et variantes par J. Mallion et P. Salomon, Gallimard, bibliothèque de la Pléiade, 1978.

La Vénus d'Ille et autres nouvelles, introduction, bibliographie et notes par Antonia Fonyi, Flammarion, 1982.

Notes de voyage, Éditions Adam Biro, 1989.

Mérimée

Paul Léon, *Mérimée et son temps,* P.U.F., 1962.

Pierre Trahard, *Prosper Mérimée et l'art de la nouvelle,* P.U.F., 1923 (rééd. Nizet, 1952).

Textes critiques sur le conte fantastique

Roger Caillois, *Au cœur du fantastique,* Gallimard, 1965.

Pierre-Georges Castex, *le Conte fantastique en France, de Nodier à Maupassant,* José Corti, 1951 (rééd. 1987).

Tzvetan Todorov, *Introduction à la littérature fantastique,* le Seuil, coll. « Points », 1970.

Louis Vax, *l'Art et la littérature fantastiques,* P.U.F., coll. « Que sais-je ? », 1960.

Magazine littéraire, *Littérature fantastique,* n° 66, juillet-août 1972.

Autres récits fantastiques du XIXᵉ siècle

Barbey d'Aurevilly, *les Diaboliques* (disponible en édition de poche).

Pierre-Georges Castex, *Anthologie du conte fantastique français,* José Corti, 1977.

Théophile Gautier, *Contes et récits fantastiques* (disponible en édition de poche).

Maupassant, *Contes et nouvelles* (disponible en édition de poche).

Edgar Poe, *Histoires extraordinaires* et *Nouvelles Histoires extraordinaires* (disponibles en édition de poche).

Villiers de L'Isle-Adam, *Contes cruels,* José Corti, 1977.

Le fantastique et la bande dessinée

Bilal, *la Foire aux immortels,* Dargaud, 1980.

Bilal et Christin, *la Croisière des oubliés,* Dargaud, 1983.

Charyn et Boucq, *la Femme du magicien,* Casterman, 1986.

Clavé, *les Dossiers du fantastique,* Dargaud, 1974.

Druillet (sur le texte de Flaubert), *Salammbô* (trois volumes), Dargaud, 1981.

Moebius, *la Déviation, les Yeux du chat,* les Humanoïdes associés, 1985.

Schuiten et Peeters, *la Fièvre d'Urbicande,* Casterman, 1985.

Schuiten et Peeters, *la Tour,* Casterman, 1987.

Le fantastique au cinéma

Christian Oddos, *le Cinéma fantastique,* Éditions Guy Authier, 1977.

Petit dictionnaire
pour lire *la Vénus d'Ille*

animisme *(n. masc.)* : 1. croyance et religion qui attribuent une âme aux phénomènes naturels et qui tentent de les influencer par des pratiques magiques. 2. un des ressorts du fantastique. L'objet acquiert brusquement des pouvoirs propres aux êtres animés.

antiphrase *(n. fém.)* : procédé qui consiste à faire comprendre le contraire de ce qu'on dit. Ainsi Mme de Peyrehorade utilise une antiphrase quand elle s'exclame : « Chef-d'œuvre ! chef-d'œuvre ! un beau chef-d'œuvre qu'elle a fait ! casser la jambe d'un homme ! »

caricatural *(adj.)* : qui simplifie et déforme en ne retenant que certains traits.

classicisme *(n. masc.)* : théorie littéraire et artistique qui repose sur un idéal d'équilibre et de respect des normes. Le classicisme puise ses sources dans les œuvres de l'Antiquité et est incarné en France par le siècle de Louis XIV : Molière, La Fontaine, Racine, Corneille, etc.

épigraphie *(n. fém.)* : du grec *epigraphê*, inscription ; science qui se développe avec le goût pour les recherches archéologiques et qui a pour objet de reconstituer et de déchiffrer les inscriptions, plus ou moins incomplètes, sur les monuments ou les objets antiques. Ces inscriptions donnent souvent lieu à des interprétations diverses et à des controverses infinies (voir l. 426 à 520).

étymologie *(n. fém.)* : science qui a pour objet l'origine et la formation des mots. Domaine linguistique où s'exerce l'activité des passionnés de l'Antiquité (voir l. 523 à 538).

fantastique *(n. masc.) :* le fantastique naît dans un monde familier, au moment où des phénomènes inexplicables introduisent un sentiment d'inquiétude, voire d'horreur. Comme genre littéraire il est à peu près contemporain du romantisme (voir ce mot) et s'inscrit dans un courant d'idées qui remet en question la toute-puissance de la raison.

fiction *(n. fém.) :* œuvre d'imagination.

gradation *(n. fém.) :* 1. progression de l'action par degrés successifs. Le mystère qui entoure la statue s'épaissit graduellement. L'intrigue, s'achevant par la mort inexplicable de M. Alphonse, suit une gradation dans l'énigmatique : c'est d'abord Jean Coll qui se casse la jambe à cause de la Vénus, puis un polisson à qui une pierre est renvoyée par la statue, etc. 2. la gradation peut aussi jouer sur le style et accentuer en une seule phrase (ou en l'espace de quelques phrases) l'effet d'une énumération en présentant les mots, les expressions utilisés selon un ordre croissant ou décroissant. La description de la Vénus par le guide catalan obéit à ce procédé, chaque nouvelle proposition marquant une progression dans la crainte : « Elle vous fixe avec ses grands yeux blancs... On dirait qu'elle vous dévisage. On baisse les yeux, oui, en la regardant. »

idole *(n. fém.) :* du grec *eidôlon,* qui signifie reproduction des traits. Représentation d'un dieu auquel on voue un culte qui se traduit par des rites (offrandes, sacrifice, etc.). Dans le monde judéo-chrétien, le mot « idole » s'emploie aussi pour désigner avec mépris les dieux païens : « Fi donc... ! [...] Encenser une idole ! Ce serait une abomination ! » (l. 690 et 692). On parle d'idolâtrie quand ces rites sont poussés à l'outrance.

ironie *(n. fém.)* : forme de moquerie qui s'appuie le plus souvent sur l'antiphrase (voir ce mot). Le narrateur décrit avec ironie la grosse bague de M. Alphonse, « formée de deux mains entrelacées ; allusion qui me parut infiniment poétique ».

Lumières *(n. fém. pl.)* : important mouvement de pensée (philosophique et littéraire) du XVIIIe siècle, le « siècle des Lumières ». Il se manifeste par sa confiance dans la raison et le progrès. Voltaire, Diderot sont des philosophes des Lumières.

merveilleux *(n. masc. et adj.)* : univers dans lequel les faits extraordinaires qui se produisent sont donnés d'emblée comme naturels et, par conséquent, ne provoquent ni surprise ni inquiétude chez les personnages. Les contes de fées mettent en scène des phénomènes merveilleux (animaux qui parlent, intervention de la baguette magique, etc.).

narrateur *(n. masc.)* : personne (nommée ou non) qui raconte le récit. Dans *la Vénus d'Ille,* le narrateur est l'archéologue parisien qui visite la Catalogne.

nouvelle *(n. fém.)* : genre littéraire difficile à définir ; il se distingue du roman par la brièveté du récit qui s'articule autour d'une action unique, excluant rebondissements et péripéties multiples.

objectivité *(n. fém.)* : manière de juger des choses sans parti pris en restant le plus près possible de l'exacte réalité. S'oppose à « subjectivité » et à « partialité ».

point de vue : angle sous lequel la narration est faite. Le point de vue dépend du narrateur, de ce qu'il connaît ou non des événements, des autres personnages. Dans *la Vénus d'Ille,* c'est le point de vue du narrateur qui nous rend M. Alphonse désagréable, antipathique, qui nous fait douter au début du caractère diabolique de la statue.

protagoniste *(n. masc.)* : l'un des principaux personnages.

registre *(n. masc.)* : ton, impression d'ensemble d'un passage, ou d'une œuvre entière. On peut parler par exemple de registre policier pour caractériser le passage où le narrateur cherche dans le jardin des indices qui pourraient le mettre sur la voie de l'éventuel assassin de M. Alphonse.

romantisme *(n. masc.)* : mouvement artistique et courant de pensée. Né en Allemagne et en Angleterre au XVIIIe siècle, il apparaît en France, en Italie et en Espagne au XIXe siècle. Le romantisme s'élève contre le pouvoir de la seule raison. Lui préférant la libre expression du moi et de la sensibilité, il revendique la fuite dans le rêve, l'exotisme, le fantastique ou le passé.

satire *(n. fém.)* : discours, récit ou dessin qui tourne en ridicule les individus ou certains aspects de la société. Le narrateur (et, à travers lui, Mérimée) porte un regard satirique sur l'archéologue fantaisiste qu'est M. de Peyrehorade.

surnaturel *(adj. et n. masc.)* : désigne tout ce qui n'appartient pas à l'univers rationnel et familier (monstres, statues meurtrières, etc.).

suspense *(n. masc.)* : épisode propre à susciter chez le

133

lecteur un sentiment d'attente mêlé d'angoisse et de curiosité.

toponymie *(n. fém.)* : du grec *topos,* lieu, et *onuma,* nom. Étude des noms de lieux, de leur origine et de leur signification (voir l. 510 à 520).

vraisemblable *(adj. et n. masc.)* : qui semble conforme à la réalité.

Collection fondée par Félix Guirand en 1933, poursuivie par Léon Lejealle de 1945 à 1968 puis par Jacques Demougin jusqu'en 1987.

Conception éditoriale : Noëlle Degoud.
Conception graphique : François Weil.
Coordination éditoriale : Emmanuelle Fillion
et Marianne Briault.
Collaboration rédactionnelle : Catherine Le Bihan.
Coordination de fabrication : Marlène Delbeken.
Documentation iconographique : Nicole Laguigné.
Schéma : Thierry Chauchat et Jean-Marc Pau,
p. 12 et 13.
Carte : Joëlle Vitard, p. 28.

Sources des illustrations
Bulloz : p. 83.
Jean-Loup Charmet : p. 7.
Giraudon : p. 16 (Anderson-Giraudon), 38, 71, 86.
Harlingue-Viollet : p. 10.
Hassia, Larousse : p. 72.
Larousse : p. 15.
Jean-Robert Masson : p. 106.
Roger-Viollet, collection Viollet : p. 20, 53, 59.
Sirot-Angel : p. 18.
Tallandier : p. 5 (Jean Dubout).

COMPOSITION SCP BORDEAUX.
MAME IMPRIMEURS - 37000 TOURS. – N° 27684
Dépôt légal : janvier 1991. N° de série Éditeur : 16869.
IMPRIMÉ EN FRANCE *(Printed in France)*. 871 299 K mars 1992.

Dans la nouvelle collection
Classiques Larousse

Andersen : *la Petite Sirène et autres contes.*

Balzac : *les Chouans.*

Chateaubriand : *les Mémoires d'outre-tombe* (livres I à III) ; *René.*

Corneille : *le Cid ; Cinna ; Horace ; Polyeucte.*

Daudet : *Lettres de mon moulin.*

Flaubert : *Hérodias ; Un cœur simple.*

Grimm : *Hansel et Gretel et autres contes.*

Hugo : *Hernani.*

Labiche : *la Cagnotte.*

La Bruyère : *les Caractères.*

La Fontaine : *Fables* (livres I à VI).

Marivaux : *la Double Inconstance ; les Fausses Confidences ; l'Ile des esclaves ; le Jeu de l'amour et du hasard.*

Maupassant : *la Peur et autres contes fantastiques ; Un réveillon, contes et nouvelles de Normandie.*

Mérimée : *Carmen ; Colomba.*

Molière : *Amphitryon ; l'Avare ; le Bourgeois gentilhomme ; Dom Juan ; l'École des femmes ; les Femmes savantes ; les Fourberies de Scapin ; George Dandin ; le Malade imaginaire ; le Médecin malgré lui ; le Misanthrope ; les Précieuses ridicules ; le Tartuffe.*

Montesquieu : *Lettres persanes.*

Musset : *Lorenzaccio.*

Perrault : *Contes ou histoires du temps passé.*

Poe : *Double Assassinat dans la rue Morgue, la Lettre volée.*

Racine : *Andromaque ; Bérénice ; Britannicus ; Iphigénie ; Phèdre.*

Rostand : *Cyrano de Bergerac.*

Le Surréalisme et ses alentours.

Voltaire : *Candide.*

Extrait du catalogue.